C.H.BECK **WISSEN**

in der Beck'schen Reihe

Die Kunst der Renaissance lebt aus der Spannung zwischen unermüdlicher Erforschung der Wirklichkeit und dem Entwurf von utopischen Welten, zwischen Orientierung an der Antike und dem Drang nach Neuerung, zwischen ästhetischem Vollendungsanspruch und der Not der tatsächlichen Lebensumstände. Diese anschauliche und konzentrierte Darstellung führt von den Anfängen der Renaissance in Florenz über die Kunst der italienischen Fürstentümer nach Rom, dem wiedererstandenen Zentrum Italiens. Sie schildert die Anverwandlung der neuen Kunst in Frankreich und gibt einen Überblick über die Entwicklung der Renaissance im übrigen Europa.

Andreas Tönnesmann ist Professor für Kunst- und Architekturgeschichte an der Eidgenössischen Technischen Hochschule Zürich. Bei C. H. Beck sind von ihm erschienen: Hans Scharoun. Architekt in Deutschland 1893–1972 (zus. mit Norbert Huse u.a., 1992); Der europäische Manierismus (zus. mit Daniel Arasse, 1996); Kleine Kunstgeschichte Roms (2002).

Andreas Tönnesmann

DIE KUNST DER RENAISSANCE

Verlag C. H. Beck

Claudia Tönnesmann
Andreas Fittkau
in memoriam

Mit 42 Abbildungen, davon 16 in Farbe

Originalausgabe

Satz: Kösel, Krugzell
Druck und Bindung: Druckerei C. H. Beck, Nördlingen
Umschlagabbildung: Michelangelo, Gewölbe der Sixtinischen Kapelle:
Delphische Sibylle, 1508–1512. Rom, Vatikan

Umschlaggestaltung: Uwe Göbel, München
Printed in Germany
ISBN 978 3 406 54689 1

www.beck.de

Inhalt

Die Pole der Renaissance

Schein und Sein einer Epoche

Was ist gemeint, wenn wir heute von Renaissance sprechen? Man denkt an universale Geister wie Leonardo da Vinci und brillante Humanisten wie Erasmus von Rotterdam, an Künstler wie Albrecht Dürer und Erfinder wie Johannes Gutenberg. Zusammen mit vielen anderen stehen diese Gestalten für den Beginn einer modernen Sicht auf die Welt. Empirische Beobachtung der Wirklichkeit bestimmt ihr Tun ebenso wie unermüdliche Bereitschaft zum Experiment und die inständige Suche nach dem Gesetz von Harmonie und Schönheit in den natürlichen und dinglichen Erscheinungsformen.

Von welcher Seite man sich der Renaissance auch nähert: Kennzeichnend für die Epoche ist, dass sich ihre wahrnehmenden und ihre kreativen Potentiale nicht voneinander trennen lassen. Erkenntnisvermögen und schöpferisches Handeln finden ihren Gegenstand in der konkreten Umwelt des Menschen: in Natur, Technik und Wissenschaft, in den Künsten und vor allem im Menschen selbst. Zu beschreiben, zu erforschen und darzustellen, was den Menschen umgibt und ihn in der Substanz ausmacht – das ist die Aufgabe, die sich die Kultur der Renaissance stellt. Das Studium der Geschichte liefert den dazu unerlässlichen Maßstab. Die Beschäftigung mit Vergangenheit genügt keineswegs sich selbst, sondern wird als kritische Instanz des eigenen Handelns begriffen und trägt so entscheidend zur Gestaltung der Gegenwart bei. Dürers Selbstporträt, das der Darstellung des Künstlers die unvergleichliche Aura eines über Jahrhunderte geformten Christusbildes zugesteht (Abb. 1), ist ein ebenso gültiges Zeugnis der Verarbeitung von Geschichte wie die elegante lateinische Prosa des Erasmus nach dem Vorbild Ciceros. Eine anatomische Zeichnung Leonardos überliefert das grenzenlose Vertrauen der Renaissance

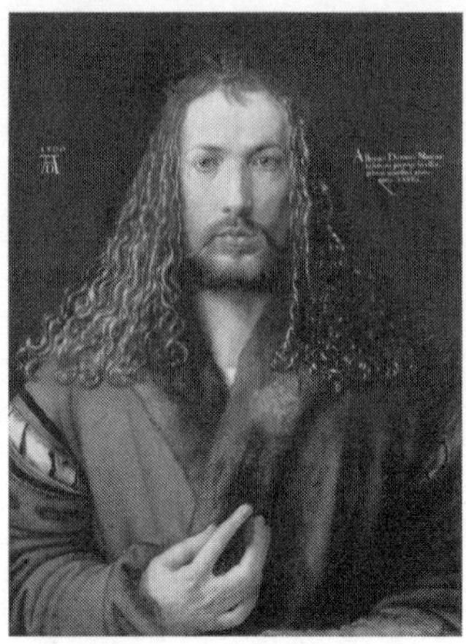

1 Albrecht Dürer, Selbstbildnis, 1500. München, Alte Pinakothek

in die Fähigkeiten des Menschen nicht weniger eindrucksvoll als ein meisterhaft gedrucktes Buch aus Gutenbergs Offizin (Abb. 2).

Aber die Produkte der Renaissance verraten kaum die ganze Wahrheit über die Epoche. Gewiss: Die Werke, die wir heute in Museen wegen ihrer Balance und Perfektion bewundern, spiegeln das Formideal der beginnenden Neuzeit verlässlich wider. Doch über die Wirklichkeit ihrer Entstehung legen sie oft genug einen ästhetischen Schleier, den das Auge allein nicht durchdringen kann. Sie drücken aus, was das Zeitalter sich wünschte, aber sie berichten nicht von der inneren Zerrissenheit der Renaissance – von materieller und ideeller Not, Krieg, Gewalt oder den oft genug bedrückenden Lebensumständen, denen selbst ihre prominentesten Köpfe nicht entgingen.

Leonardo war siebzehn Jahre lang als Künstler und Forscher am Hof des Ludovico Sforza tätig. Aber nachdem Mailand 1499 in die Hände französischer Truppen gefallen war, ergriff er die Flucht und wechselte unentwegt den Aufenthaltsort, bevor er in hohem Alter dann doch Asyl beim König von Frankreich suchte. Erasmus erging es kaum besser, nur mühsam gelang es ihm, sich inmitten der Glaubens- und Gesinnungskämpfe seiner Zeit als unabhängiger Gelehrter zu behaupten und zwischen den Niederlanden, England und der Schweiz ein auskömmliches Leben zu finden. Mit vielen Humanisten teilt er trotzdem jene erstaunliche Zustimmung zur Gegenwart, der Ulrich von Hutten in einem Brief an Willibald Pirckheimer vom 25. Oktober 1518 Ausdruck verlieh: «O Jahrhundert! O Wissenschaften! Es ist eine Lust zu leben!» Dürer, der in jungen Jahren Italien bereist hatte, gehörte zwar zu den bewunderten Künstlern seiner Zeit und betrieb in Nürnberg eine florierende Werkstatt. Aber seine letzten Lebensjahre wurden durch die religiösen Konflikte der beginnenden Reformation tief überschattet. Und Gutenberg? Seine Erfindung sollte nicht nur Bildung und Wissenschaft, sondern auch Politik, Wirtschaft und Verwaltung des kommenden Zeitalters so einschneidend verändern wie keine andere. Die Früchte seiner Leistung blieben ihm auf der unentwegten Suche nach dem notwendigen Kapital gleichwohl vorenthalten, er verlor sich in Prozesse mit Finanziers und musste schließlich sogar seine Druckerpressen verpfänden. Letztlich war es freilich gerade dieser ökonomische Zwang, der dazu führte, dass sich seine Erfindung rasch verbreiten konnte und gedruckte Bücher schon bald von der Ausnahme zur Regel wurden.

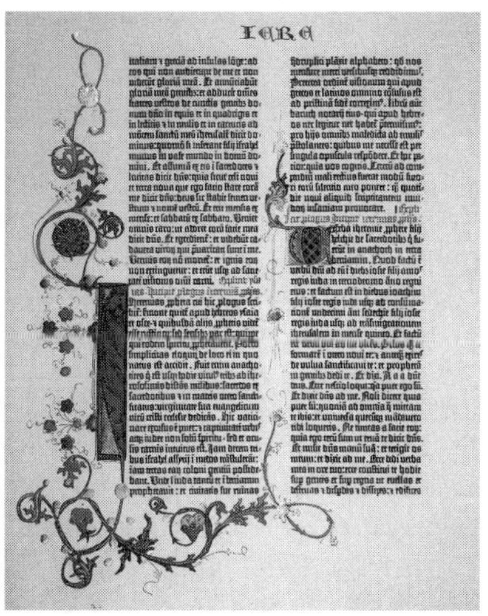

2 Seite aus der Gutenberg-Bibel, um 1455. Berlin, Staatsbibliothek Preußischer Kulturbesitz

Begriffliches

Schon der Historiker Jacob Burckhardt, der im 19. Jahrhundert die Rede von der Renaissance populär machte, hat die Widersprüche zwischen der glänzenden Kultur des Zeitalters und seiner zumeist ernüchternden Wirklichkeit prägnant beschrieben. Ihm galten die Meisterwerke der italienischen Renaissancekunst, je eindringlicher er sie erforschte und je mehr er sie bewunderte, als Überhöhung einer erschütterten Welt und Verbrämung jener illegitimen Machtansprüche, die zweifelhafte Despoten und Glücksritter über Städte und Landschaften erhoben. Burckhardt sah das moderne Bewusstsein vom Individuum, das leicht auch in rücksichtslosen Egoismus abgleiten konnte, als die treibende Kraft hinter den Errungenschaften der Renaissance. Ihm schrieb er Fluch und Segen des Zeitalters gleichermaßen zu. Nur die großen Leistungen der Künstler und Gelehrten hatten in seinen Augen die Kraft, die unvereinbaren Widersprüche der Epoche zu überbrücken und in harmonische Gestalt zu fassen. Hinter dem zwiespältigen Urteil, das der Basler Patrizier Burckhardt über die Renaissance fällte, verbargen sich tiefe Zweifel an der eigenen Gegenwart, dem bürgerlichen Zeitalter und der anbrechenden Moderne.

Der Begriff «Renaissance» wird heute enger definiert als noch vor fünfzig Jahren. Taugte er früher dazu, die ganze Vielfalt der Merkmale auf einen Nenner zu bringen, in denen sich der Übergang vom Mittelalter zur Neuzeit abbildet, so verwendet man ihn inzwischen meist nur noch, um einschränkend das kulturelle Geschehen in Europa zwischen den Jahren 1400 und 1600 zu beschreiben. Die Schwelle zwischen den Zeitaltern macht man hingegen lieber an Phänomenen des politischen und gesellschaftlichen Wandels fest, woraus sich neue Epochengrenzen und -benennungen ergeben: Anders als die Renaissance lässt man die «Frühe Neuzeit» bei den Glaubenskonflikten des 16. Jahrhunderts beginnen und bis zur Französischen Revolution von 1789 reichen. Der Begriff geht damit auf Distanz zur Perspektive Burckhardts, der die Weltsicht und die kulturelle Selbstdeutung des 15. und 16. Jahrhunderts noch als *die* entscheidende Zäsur auf dem Weg vom Mittelalter zur Moderne verstand.

Aus kulturgeschichtlicher Sicht freilich spricht nach wie vor vieles dafür, am Epochenkonzept einer europäischen Renaissance festzuhalten – im Sinne eines deutlich konturierten Zeitabschnitts, dessen Muster sich vom Davor und Danach gleichermaßen klar abhebt. Seit dem 15. Jahrhundert setzen sich Malerei und Musik, Skulptur und Architektur, Natur- und Geschichtsforschung, Philologie und Poesie neue Ziele – zunächst in Italien, bald in ganz Europa. All diese Künste und Wissenschaften wälzen ihre Methoden und Formbestände grundlegend um, und das mit einem Grad an Bewusstheit, wie ihn die Geschichte zuvor kaum gekannt hat. Den Ausschlag für diese Aufbruchstimmung gibt die Wiederentdeckung der klassischen Antike. Sie verleiht dem ganzen Spektrum der kulturellen Praktiken, derer sich das Zeitalter bedient, ihre unverwechselbare Signatur. Daran, dass die Renaissance sich selbst als neue Zeit erlebt, kann es keinen Zweifel geben. Mit der Metapher von der «Wiedergeburt» *(rinascita)* nimmt die Epoche den späteren Renaissancebegriff bereits vorweg.

Nach wie vor erscheint das Wort Renaissance also geeignet, ein singuläres kulturelles Projekt zu beschreiben, das die Reichweite seiner Ambitionen in einer beeindruckenden Breite von neuen Erkenntnissen, Ausdrucksformen und Denkweisen niedergelegt hat. Dennoch ist die Vorstellung, die sich das 19. Jahrhundert von der Renaissancekultur gemacht hat, aus heutiger Sicht korrektur- und ergänzungsbedürftig, und das nicht zuletzt im Blick auf die Kunst. Denn die Verschiebungen der Wertmaßstäbe und Perspektiven, die sich der Kunst der Moderne verdanken, haben unsere Wahrnehmung der Renaissance einschneidend verändert. Ihre Kunst steht nicht mehr auf dem Altar der Klassizität, den man ihr einst errichtet hat: Seit dem 20. Jahrhundert ist die Malerei Raffaels keine unhinterfragbare Größe mehr, die Architektur Bramantes oder Brunelleschis hat ihre normstiftende Bedeutung für die Gegenwart eingebüßt. Dafür kann die Kunst der Renaissance heute viel selbstverständlicher als Teil ihrer eigenen Zeit verstanden werden, auch und gerade wenn der Schönheitskult, den sie oft genug betreibt, in Widerspruch zu den krisenhaften Umständen tritt, unter denen sie entstanden ist.

Es ist der ungelöste Gegensatz zwischen Gewalt und Kultur, permanenter Konfliktbereitschaft und ästhetischer Versöhnung, der die Renaissance als ein Zeitalter des Übergangs kenntlich macht. Tragende Säulen der alten, auf Gott und Jenseits, Autorität und Tradition gegründeten Sinngebung des Daseins sind brüchig geworden, ohne dass die Fundamente jenes diesseitigen und rationalen Weltverständnisses, dem die Zukunft gehören wird, sich schon als belastbar erwiesen hätten. Die Kunst besetzt inmitten des mühsamen Prozesses, in dem sich die Konsolidierung des neuen Weltbilds vollzieht, eine ungesicherte Position. Ihr wird, gemeinsam mit dem ganzen Spektrum der gerade erst entstehenden Wissenschaften und literarischen Disziplinen, die Aufgabe anvertraut, das neue Zeitalter zu vermessen, seine Proportionen zu klären, seine Triebkräfte sichtbar und verständlich zu machen. Sie übernimmt die Führung auf einem Weg ins Unbekannte und muss sich zugleich in der Polarität gegensätzlicher Anziehungskräfte behaupten.

Alt und Neu

Im Sommer 1402 stiftet die Arte di Calimala, die Florentiner Kaufmannnszunft, der ehrwürdigen Taufkirche mitten in der Stadt zwei neue Türflügel. Aufwendige Bronzereliefs, wie sie Andrea Pisano schon 70 Jahre früher für einen anderen Zugang zum Baptisterium von Florenz geschaffen hatte, sollen auch diesmal das Engagement der Kaufleute für das Gemeinwohl unterstreichen. Für die Gestaltung schreibt die Zunft einen öffentlichen Wettbewerb aus.

An sich war diese Praxis nicht neu: Schon während des Dombaus im 14. Jahrhundert hatten Künstlerkonkurrenzen verschiedentlich zu effektiver Entscheidungsfindung geführt. Kein Vorbild lieferten solche Erfahrungen allerdings für die beispiellose Personalisierung, die den Wettbewerb von 1402 zum Stadt- und Tagesgespräch werden ließ. Hatte man sich früher noch in aller

Regel darauf verständigt, aus den besten Bewerbern ein Kollektiv zusammenzustellen und ihm den Auftrag zu erteilen, so lief die Konkurrenz jetzt auf eine Wahl zwischen nur zwei Finalisten hinaus. Mit Filippo Brunelleschi und Lorenzo Ghiberti, 24 und 25 Jahre alt, hatten es ausgerechnet die jüngsten oder doch am wenigsten erfahrenen Kandidaten in die Endrunde geschafft. Den Sieg trug Ghiberti davon, ein junger Maler, der bis dahin nicht einmal in eine Florentiner Zunft aufgenommen worden war.

Ghibertis Relief mit der Darstellung des Isaakopfers – das Thema war von der Zunft verbindlich festgelegt worden – gehört zu den ersten Werken der Renaissance, und doch fasst es jene doppelte Zielsetzung, die prägendes Merkmal der neuen Kunst werden wird, bereits in eine gültige Form: die Orientierung an der Antike und den umfassenden Anspruch auf Neuerung (Abb. 3). Ghiberti bedient sich einer raffinierten Methode des Zitats, die ihm bewährte Traditionen, wie sie die zeitgenössische Florentiner Reliefkunst zur Verfügung stellt, gezielt zu durchbrechen erlaubt. Die angedeutete Felslandschaft findet

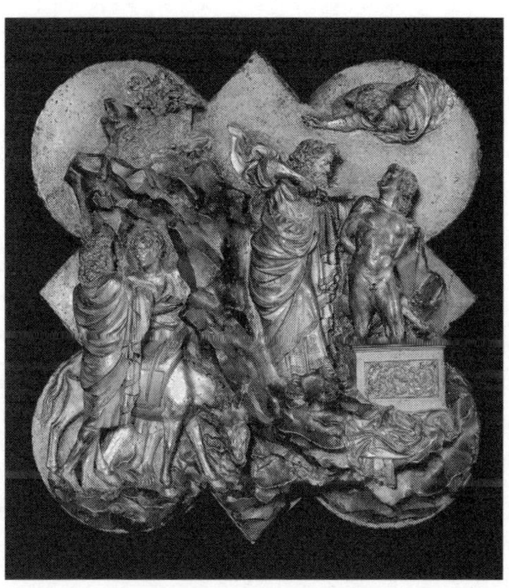

3 Lorenzo Ghiberti, Opferung Isaaks, 1402. Florenz, Bargello

sich zwar ähnlich bereits in Reliefs des Andrea Pisano; die elegante Linienführung und das verhaltene Ausdrucksrepertoire der Gewandfiguren hat Vorbilder in der internationalen Gotik, die zu dieser Zeit Malerei und Skulptur in ganz Europa dominiert. Doch dann, in der prominenten Gestalt des Isaakknaben, bringt Ghiberti auf einmal den Formenkanon einer antiken Aktfigur zur Geltung. Unverhüllte körperliche Schönheit, dargestellt in vollendeter Proportion und spannungsreicher Beweglichkeit der Glieder, verleiht dem Höhepunkt der Handlung einen spektakulären Akzent.

Was hier zum Ausdruck kommt, ist eine künstlerische Strategie, die sich auf Vergangenheit beruft, um Neuerung möglich zu machen. Indem sich nämlich Brunelleschi und Ghiberti der Wiederbelebung fernliegender Formzusammenhänge und Erzählweisen verschreiben, offenbaren sie ein kritisches Verhältnis zum Naheliegenden und scheinbar Selbstverständlichen, zu Kontinuität und Überlieferung. Das Interesse am Neuen gewinnt Gestalt nicht in der Korrektur üblicher Kunstpraxis, sondern in der Abgrenzung von ihr – im bewusst gesetzten Schnitt, der Tradition in Frage stellt und abrupt unterbricht. Die Handhabe dazu bietet die Hinwendung zur Antike. Formenschatz und Ausdrucksmittel einer weit entlegenen Epoche werden mit Hingabe studiert und fruchtbar gemacht, weil beides sich dazu anbietet, aktuellen Anliegen Ausdruck zu verleihen.

Damit Vergangenheit überhaupt in dieser Weise als Modell des Neuen wirksam werden kann, bedarf es freilich ihrer Verarbeitung zu Geschichte – zu abgeschlossenen Zeiträumen, die man sich einander ablösend vorstellt und in deren Folge die Möglichkeit des Wandels eingedacht ist. Die Entdeckung der Geschichte gehört zu den großen intellektuellen Leistungen der Renaissance. Schon Francesco Petrarca, der Humanist des 14. Jahrhunderts, hatte als Historiker der römischen Literatur die Grundzüge moderner Geschichtsauffassung vorweggenommen, führte ihn doch die Beschäftigung mit den klassischen Autoren zu radikaler Ablehnung jener mittelalterlichen Latinität, wie sie zu seiner Zeit in Gebrauch war. Jetzt greifen die Künstler auf seine Erfahrungen zurück und entdecken deren enormes Potential für den Entwurf einer neuen Bildkultur. Im 16. Jahrhundert wird dann der Maler und Schriftsteller Giorgio Vasari als Erster ein Modell der Kunstgeschichte etablieren, das Antike, Mittelalter und Gegenwart als klar unterschiedene Epochen aufeinander folgen lässt und im Grundsatz heute noch gültig ist. Um die Kunst der Gegenwart zu neuen Höhen zu führen – darum geht es, wenn Vasari von *rinascita*, Wiedergeburt, spricht –, ist Verneinung des unmittelbar Vergangenen ebenso notwendig wie die Rückbesinnung auf alte, verschüttete Spuren ästhetischer Erfahrung.

Damit wird die Spannung zwischen Alt und Neu als jenes polare Kräftefeld erkennbar, in dem sich die enorme künstlerische Produktivität der Renaissance erst entfalten kann. Die systematische Suche nach dem Neuen, wie sie die Renaissance betreibt, geht stets mit Ablehnung von Kontinuität, bewusster Abkehr von bewährter Praxis, kritischer Verweigerung von selbstverständlicher Überlieferung einher. Selbst die bewunderte Antike muss sich bald Relativierung und Kritik gefallen lassen: Es sind Künstler, die den neu entstehenden antiquarischen Wissenschaften erste Impulse geben. Materielle Relikte, Bild- und Schriftzeugnisse werden enthusiastisch ans Licht gezogen, geordnet und vergleichend bewertet. Aber stets wendet man sich der Geschichte nicht etwa deshalb zu, weil man sie rekonstruieren will, sondern weil im Verständnis des Alten die Möglichkeit zur Entdeckung des Neuen beschlossen liegt.

Stadt und Hof

Mochten sie noch so kühn neue Horizonte ins Auge fassen – ihre Bauten und Bilder mussten Künstler der Renaissance in der realen Welt platzieren. Und diese Welt gab der Kunst bestimmte Orte, Funktionen und Abhängigkeiten vor. Kunst der Renaissance wurde zumindest in ihren Anfängen für eine mittelalterlich geprägte Umgebung geschaffen. Eingespielte Denk- und Sehgewohnheiten wichen dem Neuen ebenso zögernd, wie sich der Wunsch der Künstler nach Aufbesserung ihres gesellschaftlichen Status nur langsam befriedigen ließ.

Die Nachfrage nach Kunst wies im Europa der beginnenden Neuzeit erhebliche Unterschiede auf. Nicht überall bestand ein Bedarf an Kunst wie in den dicht bevölkerten, vermögenden Handelsmetropolen Flanderns oder Italiens, wo die legitimierenden und repräsentierenden Leistungen von Malerei oder Architektur ständig nachgefragt und hoch bezahlt wurden. Venedig und Florenz, dem eigenen Anspruch nach die Metropolen ihrer Zeit, taten sich viel darauf zugute, berühmtere Kunst zu besitzen und zu produzieren als Neapel, Mailand oder lange Zeit auch Rom. Solche Konjunkturen konnten freilich schnell wechseln – im kulturellen Wettbewerb der Städte gab es zwischen dem 15. und dem 17. Jahrhundert jähe Abstürze und überraschende Karrieren.

Natürlich boten reiche Städte den Künstlern der Renaissance ein attraktiveres Umfeld als arme, verschwenderische Fürsten waren ihnen lieber als sparsame – in aller Regel ging es übrigens den Untertanen ebenso. Ökonomie und Kunst standen in einem engen Abhängigkeitsverhältnis. Doch entscheidend für die Aufgeschlossenheit von Auftraggebern und Konsumenten gegenüber dem Neuen war schon damals weniger die Verfügung über Geld- als vielmehr über Bildungsressourcen. Das beste Beispiel bieten die Päpste, in deren Kassen zwar fast immer Ebbe herrschte, die aber seit dem 15. Jahrhundert meist humanistisch gebildet waren und denen es geradezu überlebensnotwendig schien, großzügig in Kunst und Wissenschaft, Bibliotheken und Sammlungen zu investieren. Ähnlich wie die Florentiner Kaufleute erkannten sie früh, in welchem Maß sich Prestige und Renommee – auf die es in der Konkurrenz der Großen schon damals ganz erheblich ankam – durch kluge Kunst- und Bildungspolitik beeinflussen ließen. Und als Herrscher auf Zeit, die nichts vererben konnten außer Ruhm, waren sie auf nachhaltige Imagepflege durch Kunst und Literatur noch dringender als andere angewiesen.

Stadt und Hof – das waren die gesellschaftlichen Räume, in denen und für die man in der Renaissance Kunst produzierte. Sie unterschieden sich nicht nur in der Regierungsform, sondern auch in ihrem spezifischen Bedarf an Kunst. Porträt- und Buchmalerei, auch Medaillenkunst wurden hauptsächlich an Höfen nachgefragt, Privatkapellen oder Bauten der öffentlichen Fürsorge gab es eher in der Stadt. Aber Stadt und Hof waren nicht voneinander abgeschottet, sondern standen in engen Beziehungen, auch was ihre kulturelle Produktivität betraf. Künstler aus der Republik Florenz zum Beispiel wechselten durchaus in den Hofdienst, verlockt durch gute Bezahlung oder große, langfristige Aufträge. Umgekehrt geschah das fast nie. Man hat sich gefragt, ob der Hof in der beginnenden Neuzeit der Kreativität nicht letztlich die Bedingungen zu freierer Entfaltung geboten habe als die Stadt mit ihrem zwar allmählich durchlässiger gehandhabten, aber immer noch einengenden Zunftwesen. Sicher ist, dass generöse Fürsten – und nur solche konnten im Wettbewerb um führende Künstler auf Dauer mithalten – der Kunst Garantien und Schutzzonen boten, die in der Stadt nicht zu haben waren. Man denke nur an Leonardo da Vinci, der – einmal in den Dienst des französischen Königs getreten – seine letzten Jahre wie ein Fürst verbringen durfte, ohne auch nur ein einziges Bild malen zu müssen.

Der Stadtkünstler dagegen war Unternehmer. Er produzierte am Markt, stand in harter Konkurrenz, musste pünktlich liefern und sich stets um neue Aufträge kümmern. Seine Preise durften nicht zu hoch, seine Produkte nicht zu eigenwillig sein – es sei denn, er war so berühmt, dass er sich beides leisten konnte. Dafür genoss er die Vertragsfreiheit des Kaufmanns. Er konnte reisen, wohin er wollte, Aufträge ablehnen und gelegentlich sogar Bücher schreiben (wie der Stadtkünstler Ghiberti es tat), ohne seinen Dienstherrn fragen zu müssen.

Die beste Wahl traf wohl Tizian aus Venedig. Er entsprach ebenso wenig einem gängigen Künstlertypus, wie die *Serenissima* jemals einer anderswo üblichen Regierungsform folgte. Über Jahrzehnte bediente er Kaiser und Könige, Dogen und Fürsten, Prälaten und Potentaten – und immer wieder Venezianer, sofern sie bereit waren, seine Preise zu zahlen. Seine frühe Karriere führte ihn an die Höfe Oberitaliens. Aber so oft es ihm möglich war, blieb er zu Hause; allenfalls um den Kaiser zu porträtieren, war er zweimal bereit, zum Augsburger Reichstag zu

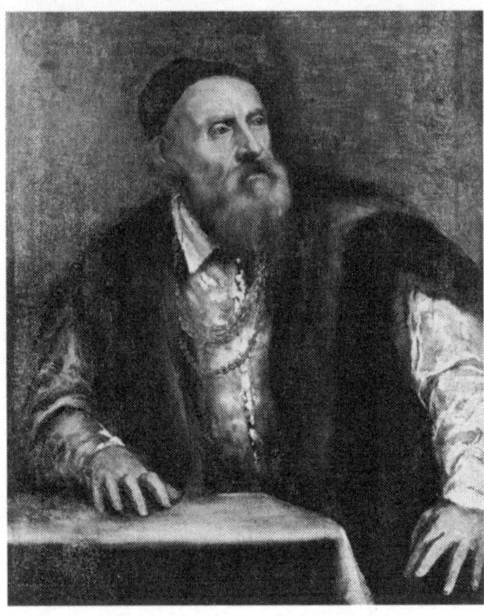

4 Tizian, Selbstbildnis, um 1550. Berlin, Gemäldegalerie

fahren. Die Balance zwischen Verharren und Aktion ist das Thema eines Selbstbildnisses, in dem er sich als Souverän der Malerei inszeniert – die eine Hand auf dem Tisch ruhend, die andere auf das Knie gestützt, während der Blick die Grenzen des Bildes aufhebt (Abb. 4). Diese Unabhängigkeit der Existenzform hat sich kaum ein anderer Künstler des Zeitalters zu erobern gewusst, vielleicht nicht einmal zu wünschen gewagt. Allenfalls Tizians Zeitgenosse Pietro Aretino, dessen mächtige Physis Tizian in mehreren Porträts nicht minder eindrucksvoll festgehalten hat, konnte sich als Autor und gefürchteter Kritiker von Venedig aus einen ähnlichen Status sichern.

Theorie und Praxis

1416 entdeckt der florentinische Humanist Gianfrancesco Poggio Bracciolini in der Klosterbibliothek von Sankt Gallen das erste vollständige Manuskript jener Abhandlung zur Architektur, die der Römer Vitruvius Pollio im 1. Jahrhundert v. Chr. verfasst hatte. Mit dem Werk Vitruvs, das bis dahin lediglich in Teilen bekannt war, stand der Renaissance die einzige antike

Gesamtdarstellung einer künstlerischen Disziplin zur Verfügung. Die rasch zunehmende Verbreitung des Textes, die sich in Abschriften, frühen Drucken und Übertragungen dokumentiert, setzte ein Signal für die Gegenwart, ihrerseits eine eigenständige Theorie der Künste zu entwickeln.

Leon Battista Alberti, auch er der Herkunft nach Florentiner, doch als Humanist in päpstlichen Diensten stehend, verfasst schon 1434 die früheste Abhandlung zur Malerei; 1451 folgt ein ausführliches Werk zur Architektur und 1464 eine kürzere Schrift zur Skulptur. Damit begründet Alberti die Gattung der neuzeitlichen Kunsttheorie. Von jetzt an wird theoretische Auseinandersetzung jede Form künstlerischer Praxis reflektierend begleiten.

In *De pictura*, zusammen mit der lateinischen Fassung auch in italienischer Übersetzung herausgegeben, zeigt Alberti den zeitgenössischen Malern Ziele und Gesetzmäßigkeiten auf, an denen sie ihr Tun orientieren können. Er verbreitet aber keineswegs Erkenntnisse, die er in der Einsamkeit der Studierstube gewonnen hätte, sondern setzt sich mit der künstlerischen Praxis der Gegenwart auseinander und zieht die Summe dessen, was Künstler wie Brunelleschi oder Masaccio in ihrem Werk schon erreicht haben. Gerade dieses Vorgehen beschert seinem Buch breiteste Wirkung. So wird die Darstellungsform der Zentralperspektive, die den Malern seit einiger Zeit geläufig ist, erstmals als optisches Verfahren begründet und in ihren geometrischen Regeln dargestellt. In Analogie zu antiken Rhetoriklehren entwickelt Alberti ferner eine Theorie der *istoria*, des erzählenden Bildes. Wiederum einer Wertsetzung folgend, die der zeitgenössische Kunstbetrieb längst getroffen hat, definiert er Erzählung als vornehmste Aufgabe der Malerei. Selbstbewusst sucht der Maler den Wettbewerb mit dem Dichter, was die Schilderung von Handlung und Ereignis angeht. Albertis *De pictura* bleibt für die Kunstliteratur der Renaissance grundlegend, wie noch die Schriften Leonardo da Vincis und Albrecht Dürers deutlich machen.

De re aedificatoria, Albertis Werk zur Architektur, fußt sowohl auf antiken Schriftquellen als auch auf eigenem Studium antiker Monumente. Der anspruchsvolle, lateinisch geschriebene Text wendet sich an humanistisch gebildete Leser, findet aber in einer Reihe italienisch abgefasster, bald auch illustrierter Traktate leichter verständliche Nachfolger. Alberti entwickelt eine neue Schönheitslehre der Baukunst, die für lange Zeit verbindlich bleiben wird. Ihr liegt die Forderung zugrunde, dass auch die Architektur – wie es die bildenden Künste taten – dem Vorbild der Natur folgen müsse. Schon Vitruv hatte etwa Gestalt und Proportion der Säule auf das Vorbild des menschlichen Körpers bezogen und damit eine Herleitung geliefert, die dem Gebot der Naturnachahmung Nachdruck verlieh. Aber die Formgesetze der Architektur blieben bei Vitruv in vielen Punkten unklar; für die Renaissance waren sie angesichts der vielgestaltigen Befunde, die sich aus den erhaltenen Bauten der Antike ergaben, oft nicht nachzuvollziehen. Alberti führt erste Klärungen herbei, kann aber längst nicht alle Zweifel über den korrekten Umgang mit dem antiken Vokabular beseitigen. Zur Definition von Säulenordnungen, deren Maßverhältnisse und Formen einen festen, universell verwendbaren Kanon darstellen, werden erst die in ganz Europa verbreiteten Architekturbücher von Sebastiano Serlio (1537 ff.) und Jacopo Barozzi da Vignola (1562) gelangen.

Größten Einfluss auf Kunst- und Architekturtheorie der Renaissance übten anthropomorphe, aus dem Studium des menschlichen Körpers entwickelte Proportionslehren aus, die sich wiederum auf die Antike berufen konnten: Als Inbegriff von Symmetrie hatte Vitruv den Körper eines ideal proportionierten Mannes beschrieben, dessen ausgestreckte Arme und Beine je nach Spreizwinkel die Begrenzungslinien eines Kreises beziehungsweise eines Quadrats berühren. Eine Reihe von Künstlern, unter ihnen Leonardo da Vinci, bemühte sich darum, diese Beschreibung bildlich zu rekonstruieren (Abb. 5). Die vitruvianische Proportionsfigur galt ihnen als Garant für das harmonische Verhältnis des Einzelnen zum Ganzen. Die größte Energie widmete Albrecht Dürer der Erforschung jener Proportionen, die den Bau des menschlichen Körpers bis in die kleinsten Glieder bestimmen. Unter allen denkbaren Voraussetzungen maß und

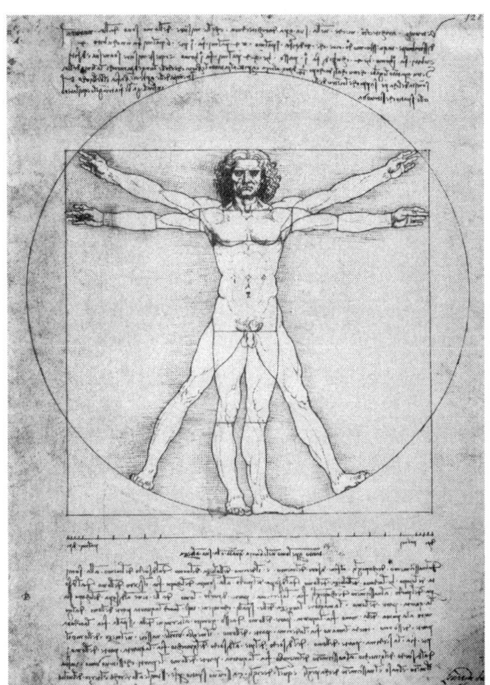

5 Leonardo da Vinci, Proportionsfigur nach Vitruv, um 1485. Venedig, Gallerie dell'Accademia

studierte er Männer und Frauen, Dicke und Dünne, Junge und Alte. Er suchte die Gesetze der Schönheit, aber auf einen normativen Begriff brachte er sie nicht. Vielmehr kommt er zu dem überraschenden Ergebnis, dass Schönheit relativ sei und sich in ihrer Begründung letztlich dem Verständnis selbst des eifrigsten Forschers entziehe: «Dj schönheit, waz daz ist, daz weis ich nit, wij woll siy vil dingen anhangt» (*Vier Bücher von menschlicher Proportion*, 1528).

Im Mittelalter waren Künste wie Architektur und Malerei noch ganz selbstverständlich zu den *artes mechanicae* gerechnet worden, den handwerklichen Tätigkeiten. Niemand zweifelte daran, dass sich Maler und Bildhauer wie Bäcker, Maurer oder Schuhmacher in Zünften zu organisieren hatten, wollten sie ihren Beruf rechtmäßig ausüben. Je mehr das Zunftwesen freilich seit dem Ende des Mittelalters zunächst in den Städten Italiens an Bedeutung verliert – im höfischen Bereich hatte es ohnehin kaum je eine Rolle gespielt –, desto wichtiger wird die Begründung künstlerischen Handelns durch Text und wissenschaftliche Reflexion. Dass sich die Künste jetzt als theoriewürdig erleben, untermauert ihren Anspruch, nicht mehr als Handwerk zu gelten, sondern als Tätigkeit eigenen Rechts, den Wissenschaften vergleichbar. Weniger die praktische Ausführung als vielmehr die Erfindung ist es, die in den theoretischen Schriften der Renaissance als die eigentliche Leistung der Künstler hervorgehoben wird.

Zwar wird es noch lange dauern, bis sich dieser Anspruch im allgemeinen Bewusstsein der Zeit durchsetzen kann. Doch schon Alberti geht daran, die Tauglichkeit seines theoretischen Entwurfs für die Praxis durch eigenes Handeln unter Beweis zu stellen. Noch während er an seinem Architekturbuch schreibt, plant er für Sigismondo Malatesta, den *Signore* von Rimini, seinen ersten eigenen Bau – die Franziskanerkirche der Stadt, die Malatestas Grabmal beherbergen soll. Albertis Bauten folgen keineswegs sklavisch den Forderungen, die er in seinem Architekturtraktat erhoben hatte. Im Gegenteil: Eigene theoretische Positionen werden unbedenklich in Frage gestellt, wenn sie sich im Entwurf nicht bestätigen. Nur in einer Hinsicht bleibt Alberti seinen Maximen unverbrüchlich treu. Er trennt den Bauentwurf von der Ausführung, besucht seine Baustellen so gut wie nie. Mit den Helfern, die sich vor Ort um alles Praktische kümmern, verkehrt er brieflich. Nie wieder ist mit solcher Konsequenz der Anspruch unterstrichen worden, Architektur sei Wissenschaft und habe sich über alles Handwerkliche weit zu erheben.

Traum und Wirklichkeit

Intensiv haben sich Intellektuelle und Künstler der Renaissance um die Erkenntnis von Wirklichkeit bemüht. Aber viele von ihnen gaben sich mit dem Erforschen und Darstellen der existenten Umwelt keineswegs zufrieden. Im Gegenteil: Um die Phänomene, die sich ihrem beobachtenden Blick erschlossen, besser verstehen und einordnen zu können, machten sie sich immer wieder an die Konstruktion paralleler Wirklichkeiten, die sie mit ebensolcher Präzision zu erfassen suchten wie all das, was sich durch sinnliche Wahrnehmung begreifen ließ. So kann man den kritischen Vergleich zwischen rekonstruierter Geschichte und erfahrbarer Gegenwart durchaus als Instrument verstehen, das dazu diente, die Grenzen zwischen Wirklichem und Möglichem neu auszuloten. Auch die Erfindung fiktionaler Welten, eines der Grundanliegen der Epoche, gehört in diesen Zusammenhang. Die Renaissance wurde zum Zeitalter der großen Utopien. Und an jener systematischen Erweiterung des Vorstellbaren, die sich in vielen Transformationen als eine prägnante Figur des neuzeitlichen Denkens behaupten sollte, hatten nicht zuletzt Künstler einen entscheidenden Anteil.

Schon um 1460 plante und verwirklichte der Architekt Bernardo Rossellino für Papst Pius II. in den Hügeln südlich von Siena eine Stadt, deren Bauten zwar aus Stein und Mörtel errichtet waren, aber dennoch in der Wirklichkeit keinen Platz zu haben schienen. Pienza, die erste Idealstadt der Renaissance, fand ihre Bestimmung darin, monumentale Erinnerung an ihren Erbauer und zugleich Verweis auf eine wünschbare Staatsverfassung zu sein – eine Stadt nicht als lebendiger Lebensraum, sondern als gebauter Text. Zur gleichen Zeit verhalf der Bildhauer und Architekt Antonio Averlino, der sich das gelehrte Pseudonym Filarete (griechisch «Tugendfreund») zugelegt hatte, dem Gedanken der Idealstadt literarisch zum Durchbruch. Sein *Buch von der Architektur* erzählt von sagenhaften Städten, die Namen wie Sforzinda oder Plusiapolis tragen, berichtet von der beispielhaften Ordnung und Harmonie, die hier herrschen, lässt vor den Augen des Lesers prächtige Bauten und luftige Plätze Gestalt annehmen. All diese Eigenschaften erklären Filaretes Erfindungen zu den besten denkbaren Fürstenstädten, ja zum Korrektiv all dessen, was die Wirklichkeit des Städtebaus bis dahin hervorgebracht hatte.

Die Idealstadt als Produkt textlicher und bildlicher Imagination leistet bald ihren Beitrag zum Entwurf weit ausgreifender Utopien. Thomas Morus, später Lordkanzler unter König Heinrich VIII. von England, gibt der neuen Textgattung 1516 mit seinem Roman *Utopia* («Nicht-Ort») ihren Namen. Sein Buch bietet das beeindruckende Beispiel einer literarischen Weltschöpfung. Ein wesentlicher Impuls des Werks ist die Kritik an moralischen und sozialen Missständen im zeitgenössischen England; die sagenhafte Insel Utopia hingegen, von der Morus einen fiktiven Reisenden berichten lässt, entwirft ein positives Gegenbild zur beklagenswerten Realität. Mit Amaurotum, der Stadt auf quadratischem Grundriss, würdigt Hythlodaeus die Metropole der Insel einer intensiven Beschreibung. Die Gestalt Amaurotums repräsentiert den Inselstaat nämlich so vollendet, dass sie sich in 53 anderen Städten exakt wiederholt. Mit der einen Stadt Amaurotum ist die Essenz aller wünschbaren Städte beschrieben, in ihrer Form hebt sich die Varianz des Phänomens «Stadt», wie es die Geschichte hervorgebracht hat, folgerichtig auf.

In vielen Facetten, manchmal auch in ihren verborgenen Schichten, gibt die Kunst des 15. und 16. Jahrhunderts ihre Sympathie für das utopische Experiment immer wieder preis. Nicht nur in den beeindruckenden Raumkonstruktionen und Architekturprospekten, mit denen Maler der Renaissance ihre Bilder ausstatten, spricht sich vielfach utopisches Gedankengut aus. Auch Landschaften können utopische Züge tragen, wie zum Beispiel die arkadischen Gefilde auf Bildern von Giorgione zeigen (Abb. 32). Wenn der Maler Sandro Botticelli um 1485 die *Geburt der Venus* aus den Schaumkronen des Meeres schildert (Abb. 7), dann erscheint hier die vielberufene Antike nicht als Geschichte, sondern als Utopie. Die berückend schöne Göttin steht weniger für irgendeine Vergangenheit als vielmehr für ein herbeigesehntes Goldenes Zeitalter. Der römische Dichter Ovid hatte die *aurea aetas* an den mythischen Beginn aller Zeiten gerückt, aber zugleich auch als imaginären Fluchtpunkt von Geschichte ausgemalt. Botticelli ist der erste, der den Wunsch nach der Vollkommenheit der Anfänge in einem geradezu magisch wirkenden Bild auszudrücken versteht. Er taucht die ganze Szene in eine zartgrüne Tonigkeit, so dass die Schönheit, die wir sehen, nicht wirklich erscheint, sondern wie von einem transparenten Schleier verhüllt.

Das Labor der Renaissance: Florenz

Bildräume

Im Jahr 1412 oder 1413 macht Filippo Brunelleschi in Florenz wieder von sich reden. Vor dem Hauptportal des Doms spricht er Passanten an, um sie zur Mitwirkung an einem optischen Experiment zu bewegen. Wer immer möchte, kann sich eine waagerechte Schiene vor Augen halten, auf die Brunelleschi zunächst eine durchbohrte Holztafel und dann einen Spiegel montiert hat. Der Proband wendet sich dem Baptisterium zu und sieht durch das Loch in der Mitte der Tafel genau das, was er erwartet: die grün-weiß gemusterte Marmorfront der Taufkirche, wie sie jeder Florentiner kennt.

Die Versuchsanordnung rechnete mit der Irritation des Betrachters. Denn gerade dessen ungläubiges Staunen gab Brunelleschi Gelegenheit, das Geheimnis seines Experiments mit umso größerem Effekt zu enthüllen. Sah doch der Passant keineswegs den Bau selbst, sondern lediglich dessen Abbild: mit Pinsel und Farbe in verblüffender Tiefenräumlichkeit auf die Rückseite der Tafel gemalt und vom Spiegel am Ende der Schiene durch die Bohrung im Holz genau ins Auge des Betrachters reflektiert. Dass man das künstlich erzeugte Bild mit dem gewohnten Seheindruck verwechseln konnte, der sich sonst vom Domportal aus auf das Baptisterium bot, verdankte sich der von Brunelleschi entwickelten, bahnbrechenden Methode der Raumdarstellung im zweidimensionalen Bild – dem zentralperspektivischen Konstruktionsverfahren.

Bald nach Brunelleschis spektakulärem Auftritt machten sich Florentiner Künstler daran, die neue Methode in ihren Möglichkeiten für die Praxis auszuloten. So meißelte der Bildhauer Donatello schon 1417 ein Relief, das eine bewegte Szene – den Kampf des heiligen Georg mit dem Drachen – vor einer tiefenräumlich angelegten Landschaft stattfinden lässt. Vor allem sind es aber Maler, die mit Hilfe der Zentralperspektive nicht nur dreidimensionale Abbilder der sichtbaren Umwelt entwerfen, sondern auch Erfundenes mit neuer Glaubwürdigkeit versehen. Die Differenz zwischen alltäglicher Wahrnehmung und dem Betrachten eines Bildes wird jetzt aufgehoben: Malerei gewinnt die Plausibilität von Wirklichkeit.

Diese Zäsur in der Geschichte der Bilder macht sich zuerst im Œuvre von Masaccio bemerkbar. Wie Donatello gehörte dieser junge Maler zu einem Künstlernetzwerk, das sich im frühen 15. Jahrhundert an der Leitfigur Brunelleschi orientierte. Masaccios kurze Karriere – er starb 1428 im Alter von nur 27 Jahren – hatte mit einem vielbeachteten Wandbild im Kreuzgang des Florentiner Karmelitenkonvents Santa Maria del Carmine begonnen. Nach dem durchschlagenden Erfolg dieser (inzwischen verlorenen) Arbeit engagierte ihn der Seidenkaufmann Felice Brancacci für die Ausmalung seiner Familienkapelle in der benachbarten Klosterkirche – ein Auftrag, den Masaccio in kollegialer Arbeitsteilung mit dem fast zwanzig Jahre älteren Masolino zu erledigen hatte.

In der Brancacci-Kapelle führten beide einen Freskenzyklus mit Szenen aus dem Leben des heiligen Petrus aus. Es beeindruckt bis heute, mit welcher Vehemenz der Anfänger Masaccio seine einzigartige Begabung auszuspielen und die gediegene Kunst des erfahrenen Meisters in den Schatten zu stellen wusste. Schon die Vertreibung aus dem Paradies, von Masaccio als Ouvertüre an das linke Gewände des Eingangsbogens gemalt und Masolinos anmutiger Darstellung des Sündenfalls gegenübergestellt, nimmt den Betrachter durch die psychische Intensität der Darstellung gefangen: In der Körpersprache der Ureltern kommt Verzweiflung, ja völlige Hoffnungslosigkeit zum Ausdruck. Von Bild zu Bild bringen dann Masaccios Akteure ihre leibliche Wucht und unverklärte Diesseitigkeit neu zur Geltung.

Interessanterweise bemühen sich beide Maler, ihre Szenen in dreidimensionale, tiefenhaltige Bildräume hineinzukomponieren und damit die Methode der Raumdarstellung, die Brunelleschi noch an reinen Architekturbildern demonstriert hatte, im anspruchsvolleren Aufgabenfeld der Bilderzählung zu erproben. Masolino etwa entwirft den baulichen Prospekt einer Florentiner Piazza, um Petrus als Wunderheiler und Almosenspender vor Palastfassaden und inmitten vornehm ausstaffierter Passanten auftreten zu lassen. Masaccio hingegen geht es darum, Räumlichkeit und Handlungsführung aufs Engste miteinander zu verzahnen und so das dramaturgische Potential des neuen Bildverfahrens herauszuarbeiten.

Wenn er Petrus als Täufer zeigt, dann lässt er ihn vorn am Bildrand mit ausgreifender Geste eine Schale über den Kopf eines jungen Mannes leeren, der vor ihm im Wasser kniet (Abb. 8). Der athletische Akt, unter dem Sonnenlicht lebendig modelliert, führt erneut Masaccios meisterhafte Beherrschung alles Körperlichen vor Augen. Höchst eindrücklich weiß Masaccio überdies den Kontrast zwischen der imposanten Physis des Täuflings und dessen demütiger Haltung herauszuarbeiten. Dass sich jugendliche Kraft so vorbehaltlos vor göttlicher Gnade beugt, macht erst das eigentliche Spannungsmoment der Szene aus. Hinter der modellhaft vereinzelten Figur sieht man weitere Kandidaten darauf warten, zur Taufe vorgelassen zu werden: Der nächststehende hat seine Kleider schon abgelegt und kreuzt frierend die Arme vor der Brust, ein dritter entledigt sich zögernd seiner Tunika. Mit solchen Bildstrategien rückt Masaccio nicht zuletzt die Fähigkeit perspektivischer Malerei ins Licht, auf der Tiefenachse des Bildes ein Davor und Danach zu schildern, Raum mit Zeitlichkeit zu füllen.

Das Problem der Raumdarstellung, für das Masaccio so überraschende Lösungen anbot, war als solches in den Malerateliers seit langem bekannt. Schon seit dem 14. Jahrhundert hatten der große Florentiner Giotto und seine Nachfolger beträchtliche Energien darauf verwandt, die dritte Dimension der Malerei zu entdecken, Räumlichkeit im Bild zu erproben und möglichst überzeugend auszugestalten; auch die niederländische Malerei des ausgehenden Mittelalters zeigte entsprechenden Ehrgeiz. Gegenüber all diesen Experimenten vermochte die Zentralperspektive nicht nur einen ungleich höheren Grad an Illusion zu erzielen, sondern machte erstmals eine objektive Methode der

Raumdarstellung verfügbar, die auf exakter geometrischer Konstruktion beruhte und keinem Werkstattgeheimnis unterlag: Ihr Prinzip konnte von jedermann und überall mit derselben Präzision angewandt werden.

Möglicherweise hatte schon Brunelleschi seinen Zeitgenossen beweisen wollen, dass der physiologische Vorgang des Sehens immer der Projektion plastischer Objekte auf eine zweidimensionale Fläche – die Netzhaut des Betrachters – entspricht. Diesen Schritt wissenschaftlicher Begründung vollzieht explizit allerdings erst Leon Battista Alberti, wenn er in seinem Traktat *De pictura* von 1435 eine umfassende Theorie des Sehens entwirft und seinen Lesern erklärt, wie sich zwischen Gegenstand und Auge konvergierende «Sehstrahlen» in Form einer Pyramide entspinnen, deren Spitze das Auge treffe. Das gemalte Bild, so Alberti, müsse einem senkrechten Schnitt durch diese gedachte Pyramide entsprechen – wie ein durchscheinendes, gerastertes Tuch, das man zwischen Auge und Objekt aufspannen und auf dem man die schräge Verkürzung der Fluchtlinien abtragen könne.

Neubauten

Filippo Brunelleschi, wir haben es schon bemerkt, behauptete sich schnell als zentrale Figur in dem fulminanten Erneuerungsprozess, dem sich seit Beginn des 15. Jahrhunderts die Künste in Florenz verschrieben hatten. Als Erster war er nach Rom gereist, um dort – mit Donatello als Gefährten – die Ruinen der antiken Baukunst zu erforschen. Aber nicht nur als frühester Archäologe hat Brunelleschi ungezählten Nachfolgern ein Beispiel gesetzt, ihm lag auch bereits daran, seine in Rom gewonnenen Erkenntnisse in eigene Bauentwürfe einmünden zu lassen.

Seit 1419 war er verantwortlich für das größte und ehrgeizigste Bauwerk von Florenz, die Domkuppel. Bis heute ist sie unbestrittenes Wahrzeichen der Stadt und sichtbarer Garant ihrer Identität. Maß und Umriss des monumentalen Bauwerks hatten zwar schon die Dombaumeister des 14. Jahrhunderts in groben Zügen festgelegt; den Weg zu Konstruktion und Ausführung beschritt aber erst Brunelleschi, der sich hier erneut als unkonventioneller Erfinder und Pionier angewandter Wissenschaft hervortat. Im öffentlichen Wettbewerb von 1418 hatte er als Einziger eine freitragende Konstruktion vorgeschlagen, die sich mit Hilfe beweglicher Arbeitsbühnen aufmauern ließ statt wie gewohnt über einem stabilen Holzgerüst. Wegen der riesigen Dimensionen – der untere Kuppeldurchmesser betrug 46 Meter, die kalkulierte Höhe 107 Meter – hatten sich traditionelle Bauverfahren in diesem Fall von vornherein als untauglich herausgestellt. In seine raffinierte, zugleich stabile und gewichtsparende Mauerwerkskonstruktion ließ Brunelleschi dann eine Reihe eigener Beobachtungen einfließen, die er beim Studium der Pantheonkuppel in Rom gemacht hatte. Auch diesmal war Brunelleschi also nicht durch professionell erworbenes Erfahrungswissen zu seinem Lösungsansatz gelangt – schließlich hatte er nie als Maurer gearbeitet –, sondern dank jener Synthese aus historischer Einsicht und systematischer Problemanalyse, wie nur er sie zu seiner Zeit beherrschte.

Die Domkuppel machte den Architekten Brunelleschi auf einen Schlag berühmt und verschaffte ihm eine Reihe von Folgeaufträgen, die Florenz binnen weniger Jahre zum weithin renommierten Zentrum einer neuen Baukunst aufsteigen ließen. Mit der Sakristei von San Lorenzo, die zugleich als Grablege der Medici diente, und mit der Kirche Santa Maria degli Angeli errichtete Brunelleschi die ersten Zentralbauten der Renaissance, mit den flachgedeckten Kirchenräumen von San Lorenzo und Santo Spirito griff er auf das Vorbild frühchristlicher Säulenbasiliken in Rom zurück und grenzte sich damit gegen die Gewölbearchitektur der Gotik prinzipiell ab.

Charakteristisch für Brunelleschis Kunst ist der Anspruch, die Bauaufgaben seiner Zeit durch eine strenge, von antiken Vorbildern geleitete Struktur und Form neu zu prägen. Grundrisse und Wandflächen werden symmetrisch gegliedert und an durchgehenden Achsen ausgerichtet, der Dekor orientiert sich am Muster antiker Säulenarchitektur. All diese Errungenschaften zeigt in vollendeter Form das *Ospedale degli Innocenti* an der Piazza Santissima Annunziata, ein beispielhafter Sozialbau, den die Florentiner Seidenzunft zur Erziehung von Findel-

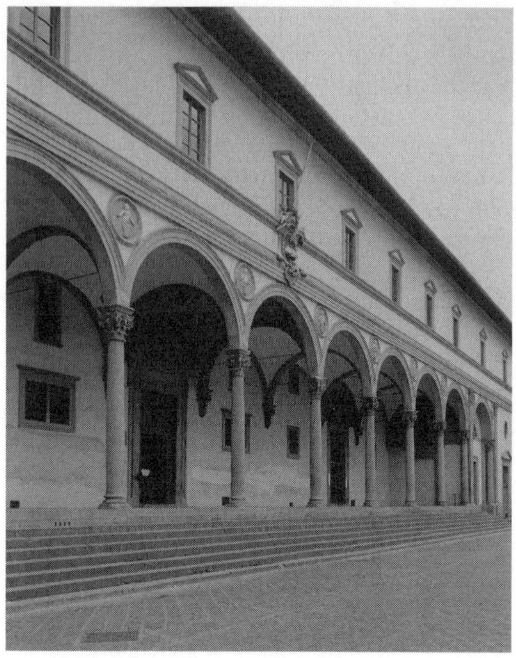

6 Filippo Brunelleschi, Findelhaus in Florenz, 1419.

kindern errichten ließ (Abb. 6). Die einladend weiten, durch Bögen verbundenen Säulenstellungen, die über einem durchgehenden Stufensockel aufsteigen und das Findelhaus in Austausch mit der Platzfläche treten lassen, unterstreichen den öffentlichen Rang des Baus und seine auf die ganze Stadt ausgerichtete Funktion. Enthaltsam, ja puristisch wirkt dabei Brunelleschis Formensprache. Wie stets in seinen Entwürfen wird das tektonische Gerüst – Säulen, Bögen und rahmende Pilasterstellung – durch grauen Haustein hervorgehoben, während die verputzte Wand als neutrale Füllfläche in den Hintergrund tritt. Ornament kommt nur dort zum Einsatz, wo es Logik und Zusammenhang der Gliederung unterstreicht. Luca della Robbias farbige Medaillons aus glasierter Terracotta stellen Wickelkinder dar; sie sind gewissermaßen der Wappenschmuck des Findelhauses.

Die Ehre der Medici

Dass Florentiner Kunst beinahe mit dem Namen Medici gleichgesetzt werden kann, verdankt sich vor allem Cosimo dem Alten, dem bedeutendsten Spross der Familie. 1433 war er aus politischer Verbannung nach Florenz zurückgekehrt; bald darauf konnte er sich als heimlicher Stadtherr etablieren.

Cosimos Bedarf an Kunst war kaum zu stillen, er reichte bei aller persönlichen Neigung zur Architektur weit über diese hinaus und umfasste ein kulturelles Spektrum von beeindruckender Weite. Nicht nur unbedingte Liebe zur Kunst und ein Gespür für Qualität, das ihn nie im Stich ließ, machten Cosimo zum herausragenden Mäzen der Epoche. Er brauchte die Künste auch nötiger als andere, war auf ihre bemäntelnden Fähigkeiten, ihr Vermögen schönzufärben und umzudeuten, zu übertreiben und zu bagatellisieren dringlicher angewiesen als die meisten Zeitgenossen. Denn das Konzept persönlicher und familiärer Machtsicherung durch unausgesprochene Vorherrschaft, geboren aus der traumatischen Erfahrung des Exils und dann mit größtem Erfolg in die Tat umgesetzt, stand auf schwankendem Grund: Niemals konnte Cosimo dem Risiko einer offenen Legitimationskrise mit letzter Sicherheit ausweichen.

Dass Cosimo eine neue Dimension privater Kunstförderung vorschwebte, machte schon seine erste Großinvestition nach 1433 deutlich: die Neuerrichtung des Klosters San Marco. Der arg heruntergekommene Konvent lag im Norden der Stadt unweit des alten Medici-Wohnsitzes und war auf Intervention Papst Eugens IV. – der einen großen Teil seines Pontifikats unter Cosimos Protektion in Florenz verbrachte – soeben mit einer reformfreudigen Dominikanerkongregation aus Fiesole besiedelt worden. Nur vordergründig tätigte Cosimo seine Stiftung allein der Ehre Gottes und der Schönheit der Stadt zuliebe. Immerhin schmückten die Kugeln des Medici-Wappens – familiäres Emblem und Firmen-Logo in einem – Kirche und Klostergebäude bis in die entlegensten Winkel hinein, sodass Besucher wie Mönche auf Schritt und Tritt daran erinnert wurden, wem der unerhört großzügige Neubau zu verdanken war.

Was die Stiftung des Florentiner Klosters von anderen Wohltaten zugunsten kirchlicher Einrichtungen unterschied, war ihre monopolistische Konzeption. Cosimo wollte San Marco den Mönchen gewissermaßen schlüsselfertig übergeben, wofür er einem zeitgenössischen Bericht zufolge über 40 000 Fiorini aufwandte – einen Betrag, den man nicht anders als monströs nennen kann. Dafür durfte und konnte niemand anderer als er an diesem Ort tätig werden; die Medici-Kugeln duldeten keine Konkurrenz durch Strozzi-Halbmonde oder Pazzi-Segel. Cosimos Dotation erschöpfte sich auch keineswegs in Bauten und Bildern, sondern bestand zu einem wesentlichen Anteil aus Büchern – in einer Zahl und Qualität, wie sie nirgends sonst in Florenz zur Verfügung standen. In einer strategisch geführten Kampagne ließ er seinen Buchhändler Vespasiano da Bisticci ungezählte Codices für San Marco kopieren und kostbar ausstatten, außerdem kaufte er dem Humanisten Niccolò Niccoli zu Lebzeiten dessen berühmte Bibliothek mit ihrem reichen Bestand an klassischer Literatur komplett ab, um sie wenig später, nach Niccolis Tod, unverzüglich den Sammlungen «seines» Klosters einzuverleiben. Die Botschaft war klar: Nicht nur fromm, auch gelehrt sollte die Stätte sein, die das Gütesiegel der größten Medici-Stiftung trug. Als Dreingabe ließ Cosimo seinen Architekten Michelozzo noch den schönsten Bibliothekssaal des ganzen Jahrhunderts bauen.

Kunst musste aus Cosimos Sicht stets einen hohen, ja exklusiven Bildungsanspruch erfüllen. Dieser Forderung wird die Ausmalung des Klosters vollkommen gerecht. Guido di Pietro, der Nachwelt als Fra Angelico zum Begriff geworden, war zum Zeitpunkt seiner Berufung durch Cosimo schon ein anerkannter Maler. Aber vor allem die Fülle an Fresken und Tafelbildern, die er mit seiner Werkstatt für den Konvent von San Marco – dem er selbst angehörte – geschaffen hat, begründete und festigte seinen Ruhm in der Kunstgeschichte. Fra Angelicos Malerei zeigt sich der anspruchsvollen Theologie des Dominikanerordens verpflichtet, sei es in der großen Kreuzigung des Kapitelsaals, deren reiches Begleitpersonal in Gestik und Bewegung den führenden Andachtslehren der Zeit Ausdruck verleiht, sei

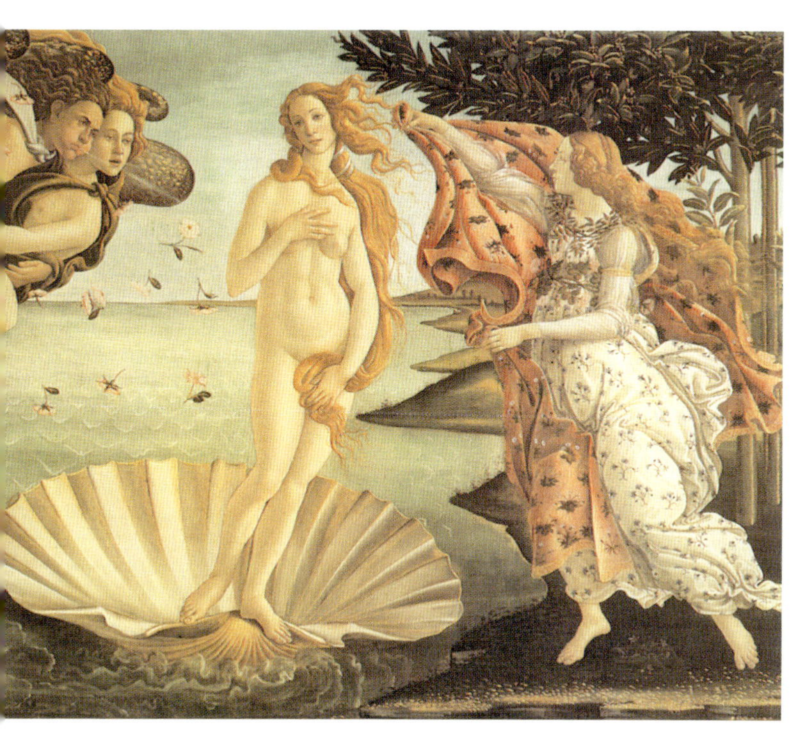

7 Sandro Botticelli, Geburt der Venus (Ausschnitt), um 1482.
Florenz, Uffizien

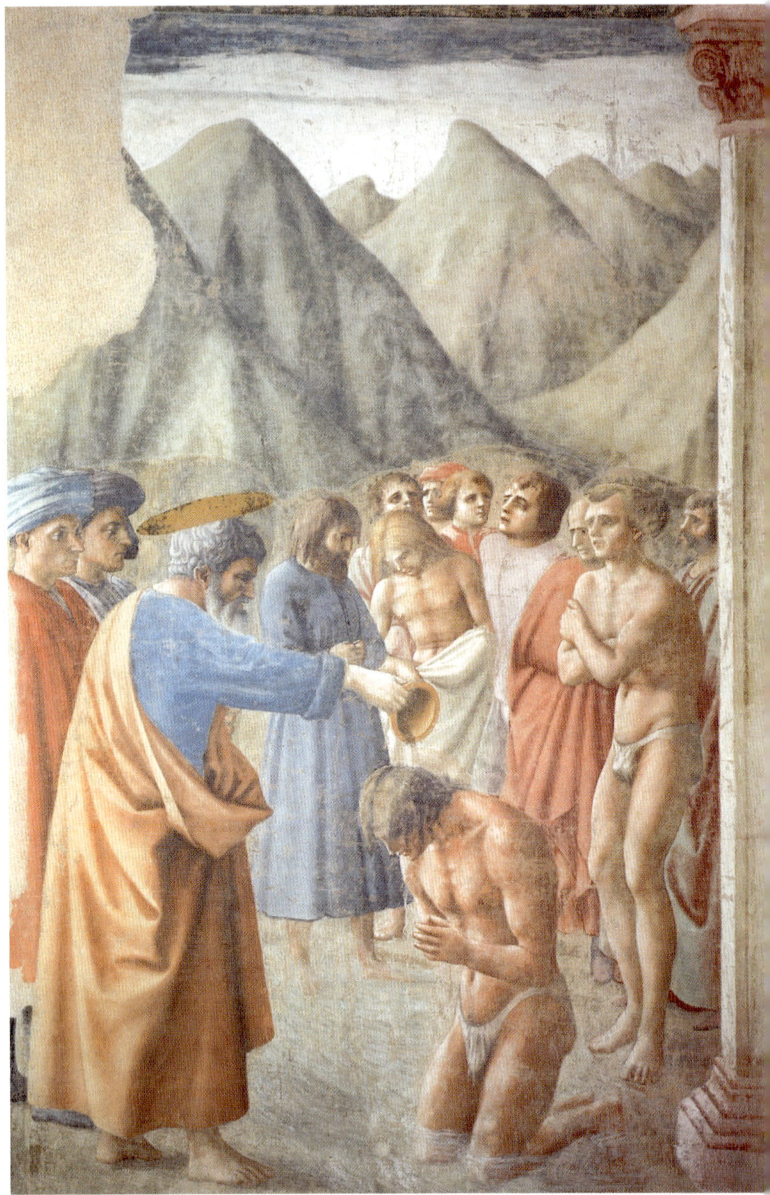

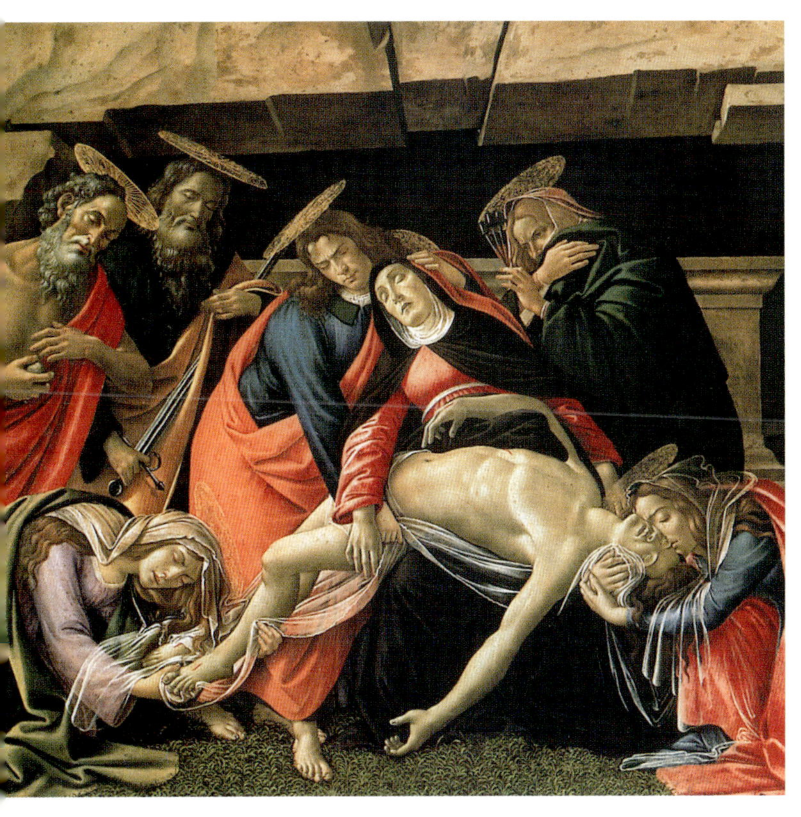

8 (links) Masaccio, Petrus tauft, um 1427. Florenz, S. Maria del Carmine

9 (oben) Sandro Botticelli, Beweinung Christi (Ausschnitt), nach 1490. München, Alte Pinakothek

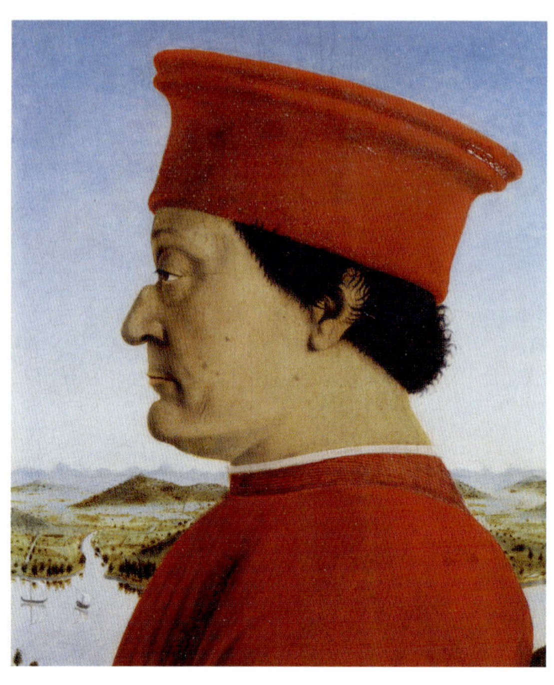

10 Piero della Francesca, Porträt des Federico da Montefeltro, um 1472. Florenz, Uffizien

es in den äußerlich reduzierten, aber auf höchste Sammlung des Betrachters zielenden Meditationsbildern der Mönchszellen.

Ein Fresko wie die berühmte *Verkündigung*, an den Beginn des Zellentraktes und damit an die Schnittstelle zwischen öffentlichem Bezirk und Klausur platziert, hält zwischen Prachtentfaltung und Verinnerlichung souverän die Waage (Abb. 11). Bei aller Aufmerksamkeit, die der Maler den botanischen Details des Gartens, den klassischen Formen der Architektur oder dem überwältigenden Farbenspiel widmet, in dem das Gefieder des Engels prunkt: Niemals lenken solche Effekte vom zentralen Thema der Inkarnation ab, das Fra Angelico mit subtilem Gespür für das psychologische Moment des Geschehens zu gestalten weiß.

Die Innerlichkeit der Malerei Fra Angelicos wurde immer schon gerühmt, zuweilen stand gerade diese Qualität aber auch unter dem stillen Verdacht naiver Frömmelei. Andere meinten aus seinen Bildern auf besondere religiöse Inbrunst schließen zu dürfen. An der Substanz des Werks führt das eine wie das andere vorbei. Fest steht, dass Fra Angelico ein Maler von

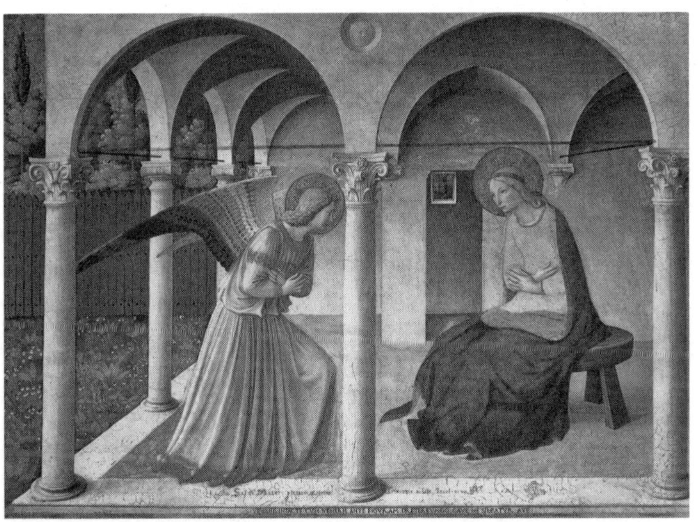

11 Fra Angelico, Verkündigung, um 1435. Florenz, San Marco

höchster Professionalität gewesen ist und seine Kunst ebenso gezielt auf den Bildbedarf von Klerikern auszurichten verstand, wie er seinen Beitrag zur Bildkultur der Renaissance bewusst unter das Vorzeichen dominikanischer Theologie stellte. Er bezog damit einen ganz anderen Standpunkt als Masaccio mit seiner dezidiert diesseitigen, stets temperamentvoll zupackenden Malerei.

Delikate Farben, sorgfältig geführte Umrisslinien bei deutlich reduzierter Plastizität zeichnen Angelicos Figuren aus. Doch war er keineswegs ein Konservativer, der die Zeichen der Zeit nicht erkannt oder gar unbeirrt an überlebten künstlerischen Konzepten festgehalten hätte. Im Gegenteil, Fra Angelicos Werk macht deutlich, dass ihm das ganze Repertoire an Kompositions- und Gestaltungsmitteln zur Verfügung stand, über das seine Zeit gebot – einschließlich der illusionistischen Raummalerei, die er freilich nur punktuell und anlassbezogen einsetzte. Ökonomie der Mittel zeichnet das Werk dieses Malers ebenso aus wie ein hohes Bewusstsein für die Angemessenheit des Bildes an seinen Ort.

Ein Palast für die Kunst

Der Wohnsitz Cosimos, so stellte Papst Pius II. bei seinem Besuch im Palazzo Medici fest, sei eine «königswürdige» Residenz. Dass der Bau Michelozzos – 1446 begonnen und zum Papstbesuch 1459 offenbar fertiggestellt – sofort mit größter Aufmerksamkeit wahrgenommen wurde, verdankte er jener ebenso überlegten wie wirkungsvollen Synthese aus Tradition und Neuerung, die Architektur und Ausstattung eindrücklich vor Augen stellten. Obwohl der größte Teil des Inventars später verstreut und der Bau im 17. Jahrhundert erheblich verändert wurde, hat er seine kraftvolle Ausstrahlung bis heute bewahrt. Das Außenbild steht für einen kaum verbrämten Dominanzanspruch im urbanen Umfeld (Abb. 12). Immerhin wahren der dreigeschossige Aufriss und die Verwendung von Rustika-Quaderung noch Anschluss an die städtische Überlieferung: Die blockhafte Vereinzelung des Baus, seine durchgehende

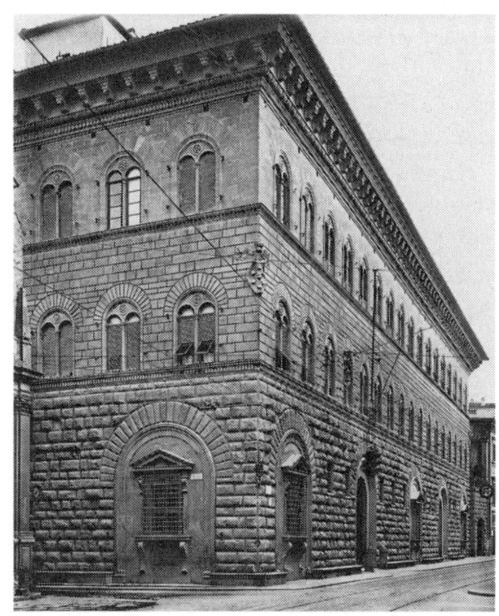

12 Michelozzo, Palazzo Medici in Florenz, 1446.

Steinsichtigkeit und die Verwendung von Doppelbogenfenstern machen die Nähe zum Palazzo Vecchio, dem Florentiner Rathaus aus der Zeit um 1300, sogar ausdrücklich zum Thema. Dabei wirkt der Palast als Ganzes keineswegs traditionell. Während die geschossweise abgestufte Steinverblendung der systematisierenden Bauästhetik der Renaissance Reverenz erweist, setzen andere Merkmale ein Signal spezifischer Antikennähe: die durchgehende Verwendung von Rundbögen etwa, das klassische Kranzgesims und vor allem die wuchtige Quaderung, die das Erdgeschoss wie einen aus massiven Blöcken gefügten Sockel erscheinen lässt. In dieser beispielhaften, von der Florentiner Tradition abweichenden Formulierung einer Renaissance-Rustika, die in Wirklichkeit freilich nur die tragenden Ziegelmauern verkleidet, folgte Michelozzo dem Vorbild der Brandmauer des Augustusforums in Rom, die man im 15. Jahrhundert irrtümlich für ein herausragendes Zeugnis antiker Palastarchitektur, ja für den Rest eines kaiserlichen Wohnsitzes hielt.

Der politische Hintersinn dieser Formenwahl, ihre zwischen republikanischem und monarchischem Bekenntnis schillernde

Botschaft, dürfte das zeitgenössische Publikum intensiv beschäftigt haben, legte sie doch die unausgesprochene Strategie, auf die Cosimo seine ganze Karriere gebaut hatte, für jeden offen, der sich auf die Sprache der Architektur verstand.

Innen überrascht der Palast mit durch und durch klassischen Architekturformen, wie sie sich besonders im säulengeschmückten Innenhof zeigen, und schließlich mit der Einmündung des Besucherparcours in den rückwärts anschließenden, von hohen Mauern umschlossenen Garten. Wie andere Paläste diente auch der Medici-Neubau als Wohnsitz für den Besitzer und seine Söhne; jedem männlichen Familienmitglied stand ein Appartement zur Verfügung, das drei bis vier Räume umfasste und in der Regel auch die Ehefrauen beherbergte, während die jüngeren Kinder meist auf dem Land erzogen wurden. Die repräsentativste Raumfolge im ersten Obergeschoss schloss mit der *sala grande* den wichtigsten Festraum des Palastes ein; auch die prachtvoll geschmückte Kapelle sowie das *studiolo,* das die berühmte Kunstsammlung aufnahm, gehörten dazu.

Nicht minder hohe Maßstäbe setzte der Palast mit seiner künstlerischen Ausstattung, die den Ehrgeiz zeigte, durch kalkulierte Themenwahl und unmissverständliche Bezüge auf die Antike ihrerseits dem Familienruhm zu dienen. So war der anspruchsvolle Zyklus von Reliefmedaillons, die den Fries des Gebälks zieren, nach kostbaren Gemmen aus der Medici-Sammlung gearbeitet und gab damit bereits einen Hinweis auf die Schätze, die das Innere des Hauses barg. Hof und Garten zierten ursprünglich zwei berühmte Statuen Donatellos. Die heroische Judithgruppe, nach dem Sturz der Medici auf der Piazza della Signoria aufgestellt und heute im Palazzo Vecchio zu bewundern, gab Piero de'Medici als Brunnenfigur neu in Auftrag. Den bronzenen David hingegen (Abb. 13) hatte Cosimo möglicherweise schon früher besessen und aus seinem alten Haus in den Palast mitgebracht.

Donatellos Kunst setzt das Thema einer unerwarteten, höchst eigenwilligen Deutung aus, die sich freilich in das Wirkungsumfeld des antikisch geprägten Palasthofes und seiner heiteren Atmosphäre bruchlos einfügt. Wirkt doch die Nacktheit des

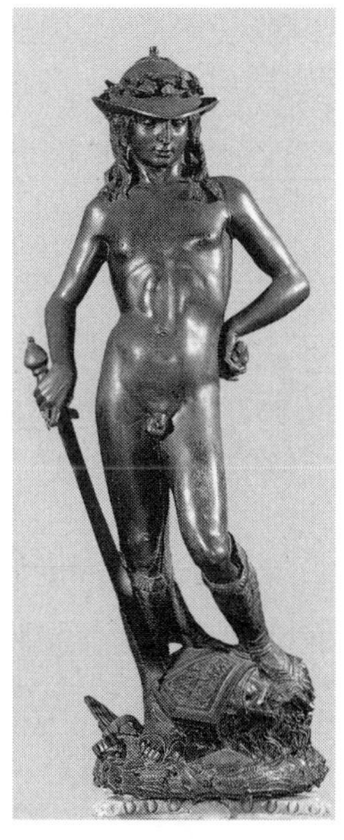

13 Donatello, David. Florenz, Bargello

Knaben keineswegs unschuldig, sondern durch die ausgefallene Eleganz der wenigen Kleidungsstücke – ein blumengeschmückter Hut und kostbar verzierte Stiefel sind schon alles – sogar besonders pointiert. Sein Spielbein nonchalant auf dem brutal abgeschlagenen Kopf Goliaths balancierend, scheint David ganz in Selbstbetrachtung versunken, ja auf die Schönheit seines Körpers konzentriert, dessen Haut und Muskelspiel Donatello mit Delikatesse zu schildern weiß. Der biblische Held, üblicherweise als Exempel für jugendlichen Wagemut, Stärke und politische Tugend dargestellt – daran hatte sich Donatello bei einer früheren Davidfigur für den Florentiner Dom noch gehalten –, tritt hier in ungewohnt intimer Verfasstheit auf, ja gerät auf beinahe skandalöse Weise ins Zwielicht der Selbstverliebtheit. Dass Donatello sich über Norm und Konvention derart selbstbewusst hinwegsetzen und sogar ein biblisches Thema entschlossen gegen den Strich bürsten konnte, ohne deshalb den Anspruch auf Stimmigkeit der Darstellung im Geringsten zu schmälern – darin zeigt er sich als der erfindungsreichste Künstler seiner Zeit. Und dass es gerade das Quartier der Medici war, in dem sich ein Bedeutungswechsel von solcher Radikalität vollziehen konnte, unterstrich einmal mehr deren Verfügungsanspruch über die Künste, ihre Rolle als Förderer des Neuen und Wegbereiter des nie Gesehenen.

Das auf den ersten Blick so geschlossene Erscheinungsbild des Palazzo Medici legt bei genauerem Hinsehen also ein erstaunlich komplexes Programm offen, in dem sich Beharren auf örtlicher Tradition mit einem vehementen kulturellen Reformimpuls verschränkt. Gerade in dieser Mischung bot der Bau der zeitgenössischen Kunstpatronage ideale Anknüpfungsmöglichkeiten. Vielen Florentiner Kaufleuten und Bankiers erschienen Palastbauten nach dem Vorbild der Medici geeignet, durch verstärkte Präsenz im öffentlichen Raum der Stadt jene politische Selbstbeschränkung zu kompensieren, in die sie der Aufstieg der Medici hineinzwang.

Der Zorn Gottes

Dass in diesem Rahmen Konkurrenz zu den Medici durchaus geduldet war, zeigen eindrucksvolle Florentiner Großbauten des ausgehenden 15. Jahrhunderts wie der Palazzo Strozzi, begonnen 1489 und vermutlich von Giuliano da Maiano und Simone del Pollaiuolo *il Cronaca* entworfen, oder der Palazzo Gondi von 1490, für den Giuliano da Sangallo, der erfolgreichste Architekt im Florenz jener Zeit, verantwortlich zeichnete. Lorenzo de'Medici, Pieros Sohn, machte sich zum Förderer dieser Bauprojekte, indem er als Vermittler bei Grundstückskäufen auftrat oder Baugenehmigungen erwirkte.

In solchen Aktivitäten zeigt sich, wie souverän der *Magnifico* Kunstförderung als Mittel der Politik einzusetzen verstand – sei es gegenüber den Florentiner Standesgenossen, deren Unterstützung er brauchte, um die Dominanz seiner Familie zu sichern, sei es nach außen, wenn es darum ging, die Interessen der Republik Florenz im labilen Machtgefüge Italiens geltend zu machen. Zwar bereicherte er auch das familiäre Kunstinventar noch erheblich, ließ sich in Poggio a Caiano eine prächtige Villa bauen und unterstützte Künstler wie den jungen Michelangelo, dessen Talent er mit untrüglichem Spürsinn erkannt hatte und den er frühzeitig den Interessen seines Hauses verpflichten wollte. Aber dem vorerst letzten großen Medici-Spross lagen Literatur und Philosophie doch mehr am Herzen als die Kunst, zumindest was den eigenen Bedarf anging. Für den standesgemäßen Auftritt in Florenz hatten schließlich schon seine Vorfahren gesorgt.

Umso begehrter war Lorenzos Expertise bei Sammlern und Bauherren in ganz Italien, nicht zu reden von seinen Kunstgeschenken. Unter Lorenzos Ägide errang Florenz beinahe ein

Monopol für den «Export» von Künstlern, die sich auf die neue Sprache der Renaissance verstanden. Selbst Potentaten wie Herzog Federico da Montefeltro von Urbino oder König Ferrante von Neapel legten Wert auf Lorenzos Rat in Kunstdingen, so sehr ihnen das Medici-Regiment auch ein Dorn im Auge war. Im Jahr 1478 hatten sie bei der Pazzi-Verschwörung ihre Hände im Spiel gehabt: jenem Mordanschlag im Florentiner Dom, hinter dem als Drahtzieher Papst Sixtus IV. stand. Lorenzos Bruder Giuliano war während der Wandlung den Messerstichen eines gekauften Priesters zum Opfer gefallen.

Die größte Gefahr drohte dem Enkel Cosimos aber von innen. Zwar war es ihm gelungen, die städtischen Eliten dank finanzieller Begünstigung und einem diplomatischen Geschick, das schon zu seinen Lebzeiten legendär war, weiterhin unter Kontrolle zu halten – noch effektiver sogar, als Vater und Großvater das vermocht hatten. Auch die immer schlechteren Bilanzen der Medici-Bank schadeten seinem Ansehen kaum. Was sein Alter wirklich überschattete und letztlich sogar die Axt an das kunstvoll gezimmerte Herrschaftsgebäude der Medici legte, war der Widerstand der Frommen.

Girolamo Savonarola, ein Dominikaner aus Ferrara, hatte früher schon in Florenz gepredigt, dann in Oberitalien das Volk hinter sich gebracht und die Obrigkeit zunehmend beunruhigt. 1490 war es Lorenzo selbst, der dafür sorgte, dass der Eiferer dem Konvent von San Marco zugewiesen wurde und so unter seine Kontrolle kam. Aber die Rechnung ging nicht auf. Aus dem ungehobelten Mönch mit der groben Sprache war ein rhetorisch versierter Reformator geworden, dem die Florentiner durchaus zuhören mochten und der schnell zum Prior von San Marco aufstieg. Savonarola hatte nicht nur eine rücksichtslose Reinigung der Kirche im Sinn. Was die Florentiner Patrizier vor allem das Fürchten lehrte, war sein politisches Programm: Florenz musste wieder eine Republik werden, und das ging nur auf Kosten der Medici. Zwar konnte sich Lorenzo gegen die Angriffe, ja den Hass des hageren Mönchs noch zur Wehr setzen – wenn auch zum Schluss nur mit Mühe. Sein Sohn Piero de'Medici – er trat nach Lorenzos Tod im Jahr 1492 an die

Spitze der Familie – war allerdings bald machtlos gegen die Stimmung im Volk, das sich jetzt ganz auf die Seite Savonarolas schlug. Nach zwei Jahren jagte man den schwachen und politisch unerfahrenen Erben ins Exil.

Die Jahre der Florentiner Republik unter der Führung Savonarolas – der sich bald in einen aussichtslosen Konflikt mit dem Papst verstrickte und schon 1498 von den Florentinern schmählich hingerichtet wurde – wären eine Fußnote der Geschichte geblieben, hätte diese Krisenzeit nicht Züge einer Kulturrevolution getragen. Savonarolas Zorn richtete sich nämlich nicht nur gegen religiöse Laxheit und den Ausverkauf der Republik, er traf mit gleicher Wucht auch den Verfall bürgerlicher Sitten, die laszive Mode der Frauen – sie sollten «wie Türkinnen» verschleiert gehen –, die Lektüre der Klassiker, die moderne Wissenschaft und immer wieder die Kunst. *Von der Einfachheit des christlichen Lebens* hieß sein wichtigstes Buch. Ein Skandal sei es, dass man die Madonna, die heilige Elisabeth oder Magdalena wie Huren gekleidet male. Waren Bilder nicht die Bücher der Frauen und Kinder? Was hatten Nackte in den Kirchen von Florenz, ja überhaupt auf Bildern zu suchen?

Mitten im Karneval 1497 schickte Savonarola Kinder aus, um in ganz Florenz «Eitelkeiten» zu sammeln. Währenddessen wurde auf der Piazza della Signoria ein fast 20 Meter hohes Gerüst errichtet, auf dessen verschiedenen Etagen man das Sammelgut in säuberlicher Ordnung stapelte: Perücken und Schachspiele, importierte Tuche, Musikinstrumente, Spiegel, Kleider und Parfums, Bücher von Petrarca und Boccaccio, Bilder und Skulpturen. All diese Materialien und Symbole weltlicher Kultur und Lebenslust gingen dann als riesiger Scheiterhaufen in Rauch auf. Zwar hatte Florenz schon früher Ähnliches erlebt. Aber jetzt hört man zum ersten Mal, auch Künstler hätten sich an dem Vernichtungswerk beteiligt. Die Maler Fra Bartolommeo und Lorenzo di Credi sollen ihre Werke eigenhändig in die Flammen geworfen haben.

Sandro Botticelli hegte beträchtliche Sympathien für Savonarolas Botschaft. Hatte er sich seinen Ruhm auch als Maler der Medici erworben, waren mythologische Sujets und verführerisch schöne Frauenfiguren seine unbestrittene Spezialität gewesen, so wurde er im Alter nicht nur fromm, sondern vollzog auch eine künstlerische Umkehr von seltener Radikalität.

Mit Inbrunst wandte er sich religiösen Themen zu. Nach 1490 entstand für das Kloster San Paolino in Florenz die großformatige *Beweinung Christi,* ein Bild von höchster Qualität, das freilich wegen seiner flächigen Komposition, seiner fast graphischen Konturbetonung und «nördlichen» Prägung lange Zeit als nicht authentisch galt (Abb. 9). In der Tat ist die *Pietà* ihrer Genese nach kein italienisches, sondern ein deutsches und niederländisches Bildthema, das freilich um 1500 – Michelangelos Marmorgruppe ist das berühmteste Beispiel – in Italien eine kurze Blüte erlebte. Mittels kontrastreicher Farben und scharfer Ausleuchtung hebt Botticelli weniger das äußere Geschehen hervor als den tiefen Schmerz der Akteure. Eben noch in heftiger Bewegung begriffen, scheint die Szene plötzlich erstarrt. Maria ist in Ohnmacht gesunken, ihre Züge wirken wie versteinert, der tote Christus droht von ihrem Schoß zu gleiten. Niemand käme auf den Gedanken, diese ergreifende Frauendarstellung als moralisch fragwürdig zu diffamieren.

Worüber das Bild Rechenschaft ablegt, ist nicht Anpassung oder die Suche nach bloßer Korrektheit, sondern die ernsthafte, keineswegs oberflächliche Selbstrevision künstlerischen Tuns, der sich Botticelli jetzt verschrieben hat. Das Bild gibt die großen Errungenschaften der Florentiner Renaissancemalerei mitnichten auf, die souveräne Figurenkomposition bezeugt das ebenso wie die monumentale Szenerie der Grabarchitektur oder die Innigkeit und Schönheit der trauernden Frauengestalten, die den Leichnam Christi liebkosen. Vielmehr scheint es, als wolle der geläuterte Botticelli die Fülle weltlicher Kultur, die das Florenz der Medici hervorgebracht hatte, geradezu gewaltsam aus dem Horizont der Kunst ausgrenzen, Erfahrung und Wissen seiner Malerei stattdessen ganz in den Dienst von Andacht und Buße stellen.

So fesselnd das Experiment auch gelingt: den mächtigen Impuls der Florentiner Renaissancekultur kann Botticelli ebenso wenig aufhalten wie Savonarola. Er hat Italien und Europa längst erreicht.

Die Renaissance der Fürsten

Feindliche Nachbarn

Ob Federico da Montefeltro Gefallen an seinem Porträt gefunden hat – wir wissen es nicht. Allzu freimütig scheint das Bildnis, auf dem Piero della Francesca um 1470 die Gesichtszüge des Markgrafen von Urbino festhielt, einen physischen Makel zu betonen: die gekappte Nasenwurzel, die der Porträtierte als junger Mann bei einem Turnier eingebüßt hatte (Abb. 10). Dem Publikum des 15. Jahrhunderts dürfte bekannt gewesen sein, dass dem Schwerthieb des Gegners seinerzeit auch Federicos rechtes Auge zum Opfer gefallen war. So konnte man die Kerbe, in der sich die Architektur der Gesichtszüge so jäh verliert, auch als Verweis auf *fortitudo* – Tapferkeit – lesen. Im Tugendkatalog der Renaissance rangierte diese Eigenschaft weit oben, und einem Mann, der als Feldherr zu Ruhm und Geld gekommen war, stand sie besonders gut zu Gesicht.

Pieros Darstellung des Herrn von Urbino – ein Porträt seiner Frau, Battista Sforza, ergänzt sie zum Diptychon – orientiert sich an der Kunst des Nordens, was die genaue Schilderung der Physiognomie, die Aufmerksamkeit auch für kleinste Details erklärt. Sie weist aber zugleich ganz eigene und sehr italienische Züge auf – die leuchtende Farbigkeit etwa, das kaum abgetönte Scharlachrot von Mantel und Hut. Vor dem lichten Blau des Himmels ist es das kanten- und kurvenreiche, in strenger Seitenansicht gegebene Profil, das dem Kopf Prägnanz verleiht. Die Linien sind wichtiger als die Flächen. Untereinander stehen sie in geometrischem Bezug, als seien sie in ein unsichtbares Quadratnetz eingespannt. Eine Neuerung in der Porträtmalerei sind die Landschaften. Zwar schaffen sie – vom Maler in große Distanz gerückt – keinen kontinuierlichen Raum um die nahsichtig gegebenen Personen. Aber sie erweitern eindrucksvoll den Wirkungsradius der Porträts, verleihen dem gemalten Fürstenpaar eine Geltung für die Welt, wie sie subtiler kaum hätte geschildert werden können.

In der Tat war Federico da Montefeltro schon zu Lebzeiten ein berühmter Mann. Seine Markgrafschaft war zwar klein und bedeutete nicht allzu viel im Mächtespiel Italiens, auch wenn sie 1474 durch den Papst zum Herzogtum aufgewertet wurde. Umso weiter reichte sein Ruf als *condottiere*, der seine Truppen für fremde Herren in die Schlacht warf, sich in den Konflikten seines Jahrhunderts oft genug zum Zünglein an der Waage machte und dank horrender Honorare nicht zuletzt großen Besitz erwarb. All diese Erfolge waren allerdings mit einer schweren Hypothek belastet. Die Herrschaft über Urbino hatte Federico, illegitimer Sohn des Hauses Montefeltro, erst nach dem gewaltsamen Tod seines Stiefbruders errungen. Nie sollte er die Stimmen zum Schweigen bringen können, die ihn selbst der Anstiftung zum Brudermord bezichtigten.

Vor diesem Hintergrund wird verständlich, warum Federico als erster Fürst Italiens Gelehrsamkeit und Künste der noch jungen Renaissance in großem Stil für sich arbeiten ließ: Es ging darum, ein neues Bild von sich entwerfen zu lassen, das keine Fragen nach schuldhafter Verfehlung oder dynastischer Legitimation aufkommen ließ, sondern den Anspruch auf Herrschaft in aufsehenerregender Weise an Bildung und ästhetische Kompetenz knüpfte. Ausgerechnet sein Nachbar Sigismondo Malatesta von Rimini lieferte ihm die Vorlage für seine kulturelle Strategie. Der von Federico stets eifersüchtig Beäugte hatte nämlich schon 1448 damit begonnen, die alte Franziskanerkirche von Rimini in einen Ruhmestempel des Hauses Malatesta – den sprichwörtlichen *Tempio Malatestiano* – zu verwandeln. Als Architekt war ihm Leon Battista Alberti gerade gut genug, als Maler engagierte er Piero della Francesca, als Bildhauer Agostino di Duccio. Den prachtvollen Bau aus istrischem Marmor hatte Sigismondo dazu ausersehen, nicht nur die eigene Grabstätte, sondern auch die seiner Geliebten Isotta degli Atti aufzunehmen. Auch sonst unternahm Sigismondo alles, um die unstatthafte Verbindung mit der schönen Frau publik zu machen – etwa indem er eine kunstvoll geprägte Medaille mit ihrem Bild

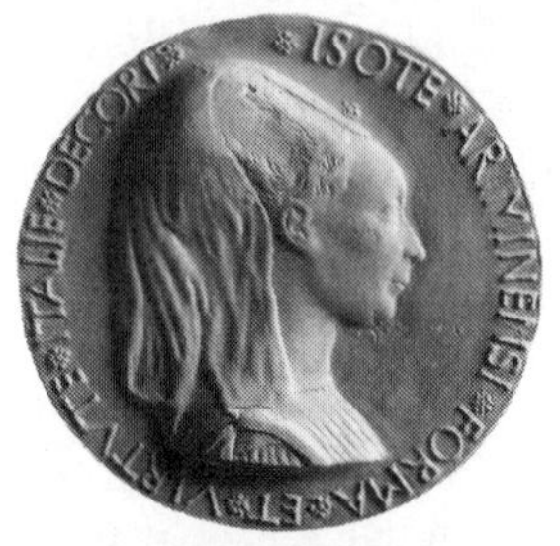

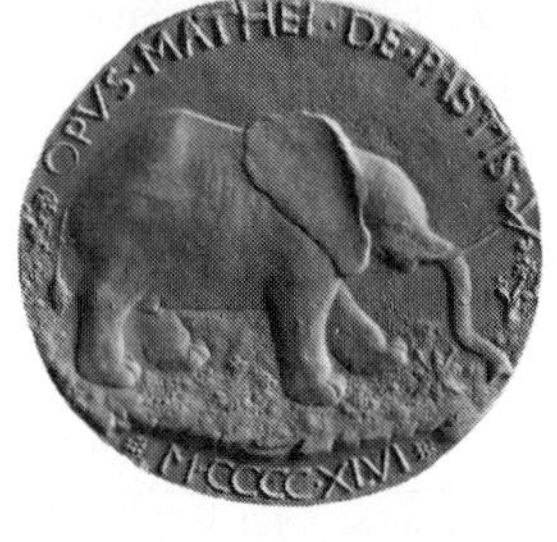

14 a/b Matteo de' Pasti, Medaille der Isotta degli Atti, 1446. Mailand, Collezione Municipale

in Umlauf brachte, die auf der Rückseite unverfroren den Elefanten, das Wappentier der Malatesta, zeigt (Abb. 14 a,b). Der Herr von Rimini war freilich auch ein Beispiel dafür, wie man den Bogen der Propaganda überspannen konnte. 1462 durch den Papst exkommuniziert und bald danach von allen Verbündeten verlassen, unterlag er schließlich in der Schlacht von Cesano seinem Erzfeind Federico, musste all seine hochfliegenden Pläne begraben und sich für den Rest seines Lebens nach Rimini zurückziehen.

Federico wusste es klüger anzustellen, sich als vorbildlichen Herrscher, ja als Inbegriff des weisen Renaissancefürsten in die Geschichtsbücher einzuschreiben – ganz unabhängig davon, wie weit dieses Bild der Wirklichkeit entsprach. So entfachte er eine regelrechte Porträtkampagne, die neben dem Meisterwerk Piero della Francescas auch Medaillen, Reliefs, Buchillustrationen und eine ganze Reihe weiterer Gemälde umfasste. Insgesamt 33 Bildnisse, eine beispiellose Zahl, haben sich vom «Mann mit der Nase» bis heute erhalten. Eine großformatige Tafel zeigt ihn in ganzer Figur, wie er im Beisein seines kleinen Sohnes einen dicken Folianten studiert; Pedro Berruguete aus Spanien, einer der ausländischen Künstler, mit denen Federico sich schmückte, hat dieses frühe Staatsporträt gemalt. Der Palazzo Ducale in Urbino, von Luciano Laurana aus Dalmatien geplant, wurde die tonangebende Residenz des Zeitalters; bis heute thront die imposante Turmfront wie ein Wolkenschloss über dem Marktplatz der Stadt. Federico dürfte sich für dieses ambitiöse Bauvorhaben Rat bei Leon Battista Alberti geholt haben, mit dem er nach verlässlicher Überlieferung freundschaftlich verbunden war.

Im kleinsten Raum des herzoglichen Appartements, dem Studierzimmer, überraschte Federico seine Besucher mit lückenlos gehängten Gelehrtenporträts, die Geisteshelden aus Geschichte und Gegenwart zeigten. Darunter sieht man sich bis heute von raffiniert gearbeiteten Holzintarsien eingekreist; fingierte Einblicke in überfüllte Bücherschränke wechseln in verwirrend dichter Folge mit allegorischen Figuren und Bildern blühender Landschaften ab. Der ganze Bilderkosmos zeugt von der intellektuellen Arbeit und dem vorbildlichen Regiment des Bewohners, der hier – so soll es zumindest aussehen – seinen herrscherlichen Pflichten rastlos obliegt. Noch größere Summen als in dieses Wunderwerk moderner Perspektivkunst hat Federico freilich in Bücher gesteckt. Tausende Handschriften ließ er durch seinen Florentiner Buchhändler Vespasiano da Bisticci, der schon Cosimo de'Medici beliefert hatte, kopieren und kostbar ausstatten, um die größte Bibliothek des Jahrhunderts zusammenzutragen – eine der ersten übrigens, die platzsparende Regale kannte und zu der man nach Bildung und nicht nach Stand Zutritt erhielt. Vereinzelt wurde auch Gedrucktes gekauft, doch fand es keine Gnade unter Federicos Augen und musste unauffällig im Depot gelagert werden.

Mantua: Die Kunst des langen Atems

Auch kleinen Residenzen, das macht das Beispiel Urbino schlagend deutlich, versprachen die Leistungen der modernen Kultur nachhaltigen Ruhm – selbst wenn es für lästige Fragen nach rechtmäßiger Begründung von Machtansprüchen keinen akuten Anlass gab. Bei den Gonzaga, den Markgrafen von Mantua, war das schon länger nicht mehr der Fall: Seit der Wende vom 13. zum 14. Jahrhundert hatten sich Luigi Gonzaga und seine Nachkommen als *signori* von Mantua ohne nennenswerte Opposition behaupten können. Das Problem der Gonzaga lag eher im unauffälligen Profil der Familie, ihren mediokren Ursprüngen und dem wenig bedeutenden Ruf ihrer Stadt, die sich inmitten der Mincio-Sümpfe am östlichen Rand der Lombardei versteckte.

Schon Gianfrancesco Gonzaga hatte allerdings einen entschlossenen Schritt zur kulturellen Aufwertung seiner Residenz unternommen, als er 1423 Vittorino da Feltre als Erzieher seiner Kinder nach Mantua berief. Vittorinos Internat – das er im eigenen Haus führte – wurde bald auch zur Adresse für auswärtige Fürsten, die ihre Söhne bevorzugt in die Obhut des berühmten Pädagogen gaben; zum Beispiel wurde Federico da Montefeltro hier erzogen. Klassische Lektüre, Sport und einfaches Leben – so lauteten die Maximen von Vittorinos Erziehung, die man heute «ganzheitlich» nennen würde.

Es ist kaum übertrieben, den glänzenden Aufstieg des Hauses Gonzaga zu einer der renommiertesten Dynastien Europas letztlich auf dieses frühe Engagement für eine zeitgemäße Pädagogik zurückzuführen. Ludovico Gonzaga, Vittorinos Zögling, trat 1444 die Nachfolge seines Vaters als Markgraf von Mantua an. Er besaß Bildung, Ehrgeiz und viel Geld, das er – wie Federico da Montefeltro – als Kriegsunternehmer erworben hatte. Sein Rezept, der eigenen Herrschaft zu kulturellem Prestige zu verhelfen, war der Strategie des Urbinaten durchaus verwandt. Doch Ludovico Gonzaga wusste eigene Akzente zu setzen. Sein Anliegen war nicht in erster Linie die Konsolidierung eigenen Ruhms, sondern das künftige Prestige seiner Dynastie. Zu seinen zukunftsweisenden Entscheidungen gehörte es, das Verhältnis zwischen Künstler und fürstlichem Auftraggeber als langfristige, auf Vertrauen und persönlicher Wertschätzung beruhende Bindung auszugestalten. 1459 berief er mit Andrea Mantegna den begabtesten Künstler Oberitaliens in seine Dienste. Der Schüler des Francesco Squarcione in Padua, eines zwar nur mittelmäßigen Malers, aber exzellenten Kenners der Antike, war sich mit nur 29 Jahren seines Wertes schon voll bewusst. Schließlich hatte er mit der Ausmalung der Ovetari-Kapelle in der Kirche der Paduaner Augustinereremiten schon als ganz junger Mann eine phänomenale Probe seines Könnens abgeliefert und vor allem seine meisterhafte Beherrschung der Perspektive unter Beweis gestellt. Eine Reihe detaillierter Antikenzitate, etwa in den Bildarchitekturen, unterstrich die exzellente antiquarische Schulung des jungen Malers und machte seine Arbeit zu einem Stück gemalter Gelehrsamkeit.

Weder für Ludovico Gonzaga noch für dessen Nachfolger Federico und Francesco, die er beide noch erlebte, war Mantegna ein Hofbediensteter wie andere auch. Im Gegenteil, die Herren von Mantua mussten sich anstrengen, mit dem zwar fähigen, aber launischen Mann zurechtzukommen. Mantegnas finanzielle Ansprüche waren unermesslich, dafür pflegte er sich bei der Umsetzung fürstlicher Aufträge viel Zeit zu lassen. Schon bei seiner Berufung hatte Mantegna Arbeitsbedingungen durchsetzen können, die anderen Hofkünstlern märchenhaft erscheinen mussten. Ihm standen zwar alle Privilegien eines Hofmalers zu, aber er hatte auch das Recht, auf eigene Rechnung für auswärtige Besteller zu arbeiten. Über sein hohes Salär hinaus bezog er fürstliche Geschenke, unter anderem ein Stück Land, auf dem er sich ein spektakuläres Wohnhaus errichtete. Mantegna brachte es zu einer eigenen Antikensammlung, die sogar die Aufmerksamkeit des berühmten Lorenzo *il Magnifico* aus Florenz erregte.

An seinem Hauptwerk in der Gonzaga-Residenz, der Freskierung der *Camera picta* – die frühere Bezeichnung *Camera degli Sposi*, «Brautzimmer», ist überholt –, arbeitete Mantegna beinahe zehn Jahre lang; eine Inschrift bezeugt die Vollendung im Jahr 1474. Großflächige Wand- und Deckenbilder verwandeln den verhältnismäßig beengten Wohn- und Zeremonialraum, der einen Eckturm im alten Castello di San Giorgio besetzt, in eine luftige Loggia, von Licht durchdrungen und vom Goldglanz prachtvoll gemalter Requisiten überstrahlt. Allem Anschein nach hat Ludovico vor dieser atemberaubenden Kulisse seine bevorzugten Gäste empfangen. Was schon den ersten Eindruck bestimmt, sind monumentale, in Untersicht erfasste, lebendig gruppierte Figuren. Ihre Darstellung bedeckt zwei Wände des Raums – die übrigen, nicht bemalten Flächen waren von Mobiliar verstellt. Welches Personal Mantegna hier auftreten lässt, muss auf das Publikum des 15. Jahrhunderts als Sensation, gar als Normverletzung gewirkt haben: Nicht Göttern oder antiken Helden sieht man sich gegenüber, wie man sie in einem solchen Raum erwarten würde, sondern der Familie Gonzaga selbst, in voller Lebensgröße und so souverän vorgetäuschter Plastizität auf die Wände gebannt, dass der Herrscher und seine Entourage eine gänzlich unerwartete Präsenz gewinnen. Das Porträt, darin markiert die *Camera picta* eine Zäsur in der Geschichte der Malerei, tritt hier an die Stelle von Allegorie und Mythos, gewinnt eine begründende Qualität in der bildlichen Darstellung des fürstlichen Regiments. Durch eine effektvoll gemalte, kreisrunde Öffnung im Gewölbescheitel lässt Mantegna sogar neugierige Zeugen – ausgelassene Putten, junge Frauen, eine dunkelhäutige Exotin, einen Pfau – an den familiären Zusammenkünften teilnehmen, die Mantegna buchstäblich unter ihren Augen inszeniert.

Das Hauptbild lässt Ludovico Gonzaga in der Doppelrolle als Fürst und *pater familias* auftreten, zeigt es ihn doch, wie er leutselig inmitten seiner vielköpfigen Familie sitzt und zugleich in gesuchter Beiläufigkeit Staatsgeschäfte erledigt – eine Depesche in der Hand, den Kopf einen kurzen Moment lang zu dem gerade herbeigeeilten Sekretär gewandt. Das benachbarte Bildfeld hält hingegen eine Begegnung des Vaters mit seinem siebzehnjährigen Sohn Francesco fest, der soeben aus der Hand Pius' II. den Kardinalshut empfangen und so Ludovicos hochfliegende Zukunftspläne ein gutes Stück weiter erfüllt hat.

Ein schmales Wandsegment gleich neben der Eingangstür zeigt das fürstliche Jagdgefolge (Abb. 15): im Mittelpunkt ein prachtvoller Apfelschimmel, den rechten Vorderlauf scheinbar über die Bildgrenze hinaus in den Raum erhoben und den kostbar gezäumten Kopf effektvoll zum Betrachter gewandt. Zwei edle Doggen, ein Reitknecht und ein Hundeführer treten hinzu. Aus heutiger Sicht mag es überraschen, dass der Jagd als fürstlichem Freizeitvergnügen – eigentlich sogar nur der Darstellung von Tieren und Hilfspersonal als Verweisen auf die Jagd – ein so prominenter Platz in der Bilderfolge des Prunkzimmers eingeräumt ist. Es mag dabei nicht zuletzt um eine Art vormodernes *product placement* gegangen sein, besaßen die Gonzaga doch die berühmteste Pferdezucht Italiens. Andererseits war die Jagd für den Fürsten der frühen Neuzeit mehr als nur gewohn-

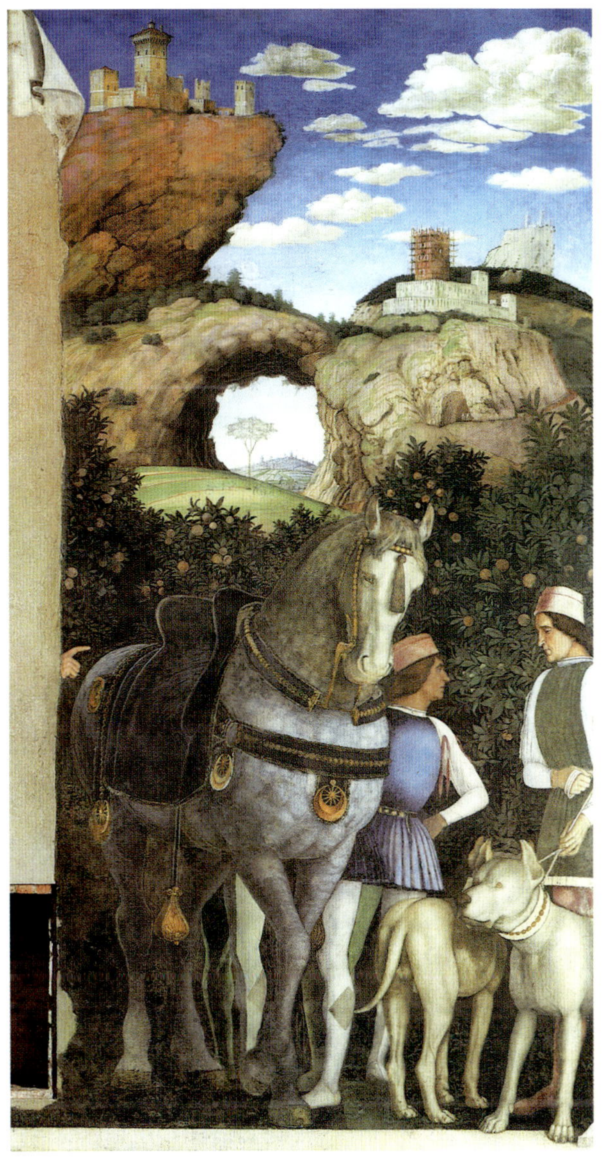

15 Andrea Mantegna, Jagdgefolge, 1474. Mantua, Palazzo Ducale

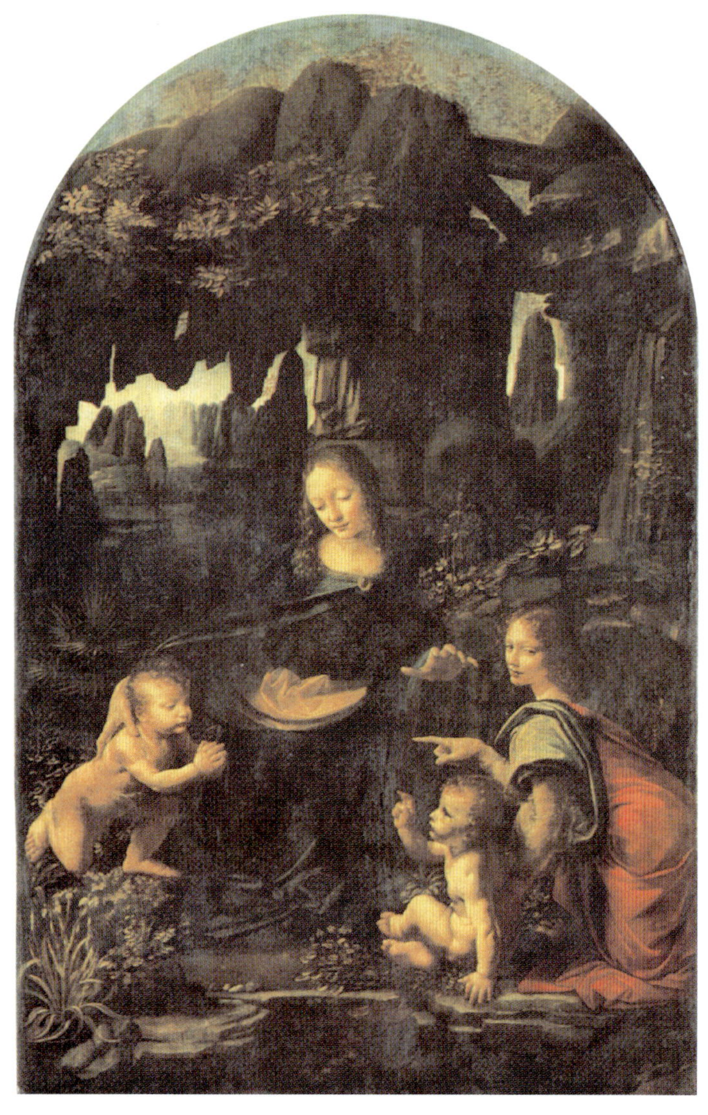

16 Leonardo da Vinci, Felsgrottenmadonna, 1483–90. Paris, Louvre

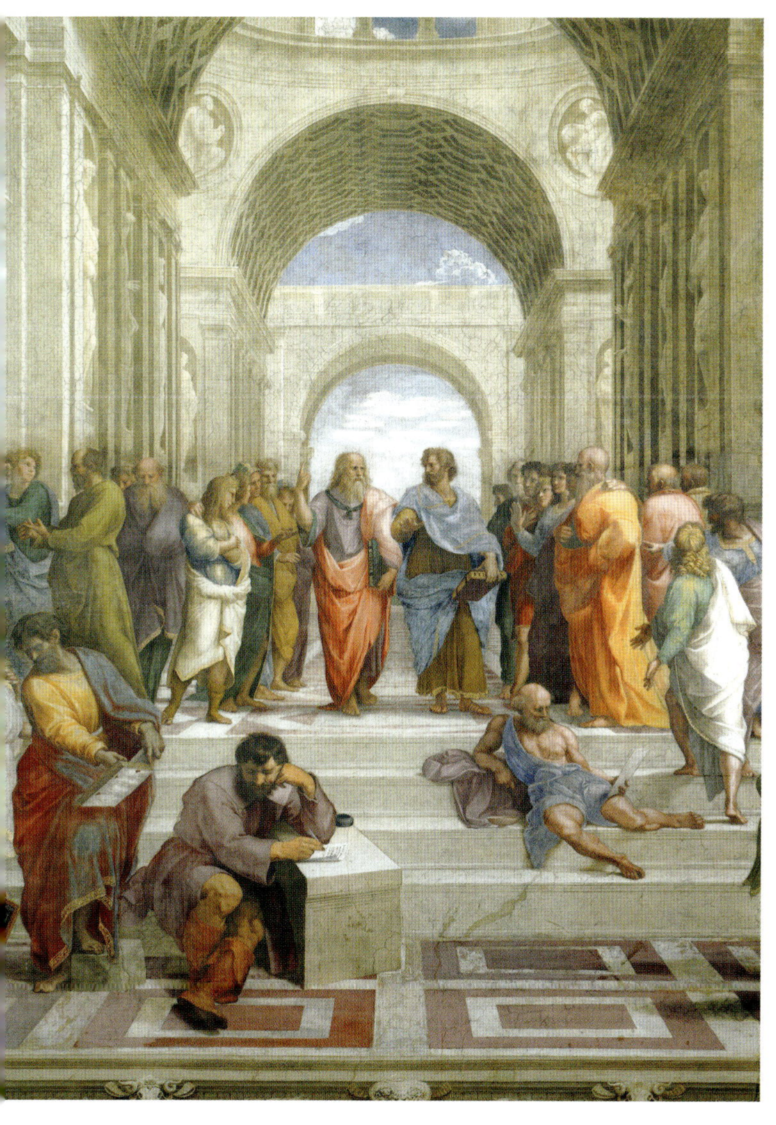

17 Raffael, Schule von Athen in der Stanza della Segnatura (Ausschnitt), 1508–10. Rom, Vatikan

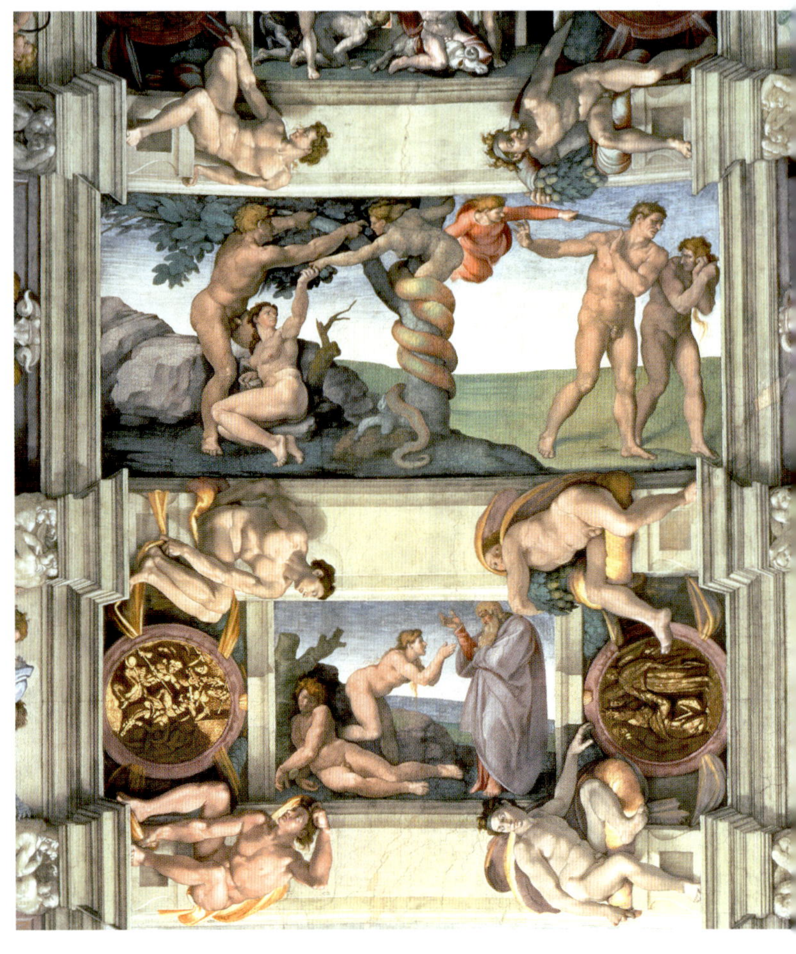

18 Michelangelo, Gewölbe der Sixtinischen Kapelle: Erschaffung Evas und Sündenfall, 1508–12. Rom, Vatikan

heitsmäßig betriebener Sport, sie gehörte wie das Turnier zu seinen unumgänglichen Pflichten, war eine primäre Äußerungsform von Herrschaft. Damit hängt zusammen, dass Mantegna die Szene vor eine aufsehenerregende Landschaft setzt. Im Mittelgrund eingeleitet von schwer tragenden Obstbäumen, wartet sie in größerer Distanz mit schroffen Abgründen, einem halsbrecherisch konstruierten Felsbogen, Burg und Fernblick auf. Der Binnenwelt der Machtausübung, wie sie sich auf der benachbarten Wand im Familienbild darbietet, stellt der begnadete Landschaftsmaler Mantegna hier – wie auch in der Begegnungsszene – deren segensreiche Wirkung an die Seite. Die fruchtbar gemachte, gezähmte, bei aller latenten Fragilität doch souverän in Balance gehaltene Natur wird hier zum Werk des Fürsten, zum Beweis seiner herrscherlichen Tugend.

Neben der Malerei war es die Architektur, der Ludovico Gonzaga die Aufwertung seiner Dynastie und der Stadt Mantua bevorzugt anvertraute. Wenn er Leon Battista Alberti, mit dem er persönlichen Umgang pflegte, als Architekten für gleich zwei sakrale Bauprojekte gewann, dann wollte er damit die höchste denkbare Qualitätsnorm zeitgemäßer Auftraggeberschaft erfüllen. Zwar sind beide Bauten lange Zeit Fragment geblieben, aber anders als San Sebastiano – ein Zentralbau, den Alberti als Familiengruft der Gonzaga geplant hatte und der durch irreführende Rekonstruktionsmaßnahmen inzwischen gänzlich entstellt ist – darf die Wallfahrtskirche Sant' Andrea nach wie vor als Zeugnis ersten Ranges für die Raum- und Flächenkunst Albertis gelten. Das majestätische Langhaus lässt Alberti dank eines weitgespannten Tonnengewölbes voluminös wirken wie einen antiken Thermensaal; an den Seiten setzen Kapellenöffnungen wechselnden Formats rhythmische Akzente. Auch die Fassade, die eine selbständige Eingangshalle verblendet, gestaltete Alberti als spannungsreiche Abfolge weiter und enger Jocheinheiten (Abb. 19): Sowohl ein rhythmisch gegliedertes Triumphbogenschema als auch ein von kolossalen Pilastern gestützes, mit einem Dreiecksgiebel bekröntes Tempelmotiv bestimmen die Komposition, sodass zwei mit höchstem Prestige behaftete Prototypen antiker Baukunst einander bruchlos über-

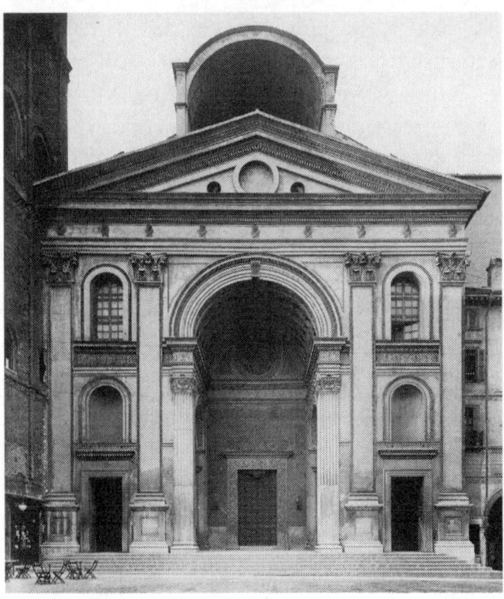

19 Leon Battista Alberti, Fassade von S. Andrea in Mantua, 1470.

lagern. Mit dieser Berufung auf klassische Fassadenarchitektur, die Alberti in einer grandiosen Übersetzungsleistung auf Funktion und Raumform zeitgenössischen Kirchenbaus abzustimmen weiß, wollten Architekt und Bauherr vermutlich mehr erreichen als nur eine Aktualisierung der lokalen Architektur nach den Maßstäben der Renaissance. Schließlich war Mantua, wie man auch im Mittelalter nie vergessen hatte, der Geburtsort Vergils und durfte insofern darauf beharren, zu den würdigsten Stätten antiker Tradition in Italien zu gehören. Albertis Bauten verhalfen diesem Antikenstolz zu einem Ausdruck, der jeden Anschein von Provinzialität vermied und sich gleichwohl mit dem Ruhm der Gonzaga dauerhaft verband.

Vom Hofkünstler zum Künstlerhof

Das verlockende Beispiel Mantegnas dürfte eine Rolle gespielt haben, als sich der dreißigjährige Leonardo da Vinci 1482 entschloss, Florenz – wo er einige Jahre zuvor einen unangenehmen

Prozess wegen Sodomie überstanden hatte – endgültig zu verlassen und um den Eintritt in Mailänder Hofdienste nachzusuchen. Ludovico Sforza, der gleichaltrige Regent von Mailand, soll auf ihn aufmerksam geworden sein, als Leonardo ihm im Auftrag Lorenzos de'Medici eine silberne Leier in Form eines Pferdekopfes überbrachte und angeblich auch noch hervorragend darauf zu spielen verstand. Erhalten geblieben ist der Entwurf eines Bewerbungsschreibens, in dem sich Leonardo seinem künftigen Herrn als glänzender Ingenieur und Erfinder – vor allem auf militärischem Gebiet – empfiehlt und lediglich am Rande auf seine Fähigkeiten als Bildhauer und Maler zu sprechen kommt. Gerade dass Leonardo mehr konnte als nur malen, sich auf viele Gebiete zeitgenössischer Wissenschaft verstand, ja zu den neugierigsten und spekulativsten Köpfen im damaligen Italien gehörte, dürfte sein Engagement durch die ehrgeizige, aber künstlerisch und intellektuell traditionsarme Sforza-Dynastie befördert haben.

Leonardos Tätigkeit in Mailand, die immerhin bis zu Ludovicos Sturz im Jahr 1499 andauerte, ist leicht zu überblicken. Nur zwei bedeutende Gemälde sind aus dieser Zeit bekannt: das berühmte *Abendmahl* an der Stirnwand des Refektoriums von Santa Maria delle Grazie, das bei Leonardos Flucht aus Mailand unvollendet blieb, und die sogenannte *Felsgrottenmadonna*, ein fast zwei Meter hohes Altarbild, das Maria mit den anrührenden Knabenfiguren Christi und Johannes des Täufers sowie mit einem Engel zeigt. In Paris und London haben sich zwei Fassungen des Gemäldes erhalten. Welche von beiden Versionen auf den Vertrag mit der Mailänder Bruderschaft der Unbefleckten Empfängnis zurückgeht, den Leonardo 1483 schloss, steht nicht eindeutig fest – wahrscheinlich ist es die im Louvre (Abb. 16). Jedenfalls kann man sich vorstellen, dass eine Bildfindung von solcher Vollendung im künstlerisch damals noch rückständigen Mailand eine völlige Umwälzung der Maßstäbe ausgelöst haben muss, nach denen man Malerei beurteilte. Als revolutionär erwiesen sich sowohl die Figurenkomposition in Form einer räumlich gestaffelten Pyramide als auch die geheimnisvolle Beleuchtung der Madonnengruppe, ganz zu schweigen von der Felsarchitektur, deren Aufbau an Dramatik selbst Mantegnas Landschaftskunst übertraf und die dank feinster Abstufung ungezählter Brauntöne die zeitgenössische Malerei um ein neuartiges, dunkles Kolorit bereicherte. Den spiegelnden Wasserlauf und die Felsgruppe im äußersten Hintergrund tauchte Leonardo hingegen in eine zarte, zwischen Grün und Blau changierende Farbigkeit, um die von ihm eifrig studierte Luftperspektive anzudeuten – jenen Effekt der Farbwertverschiebung, der sich in der Wahrnehmung von Landschaft aus großer Entfernung ergibt. Zahlreiche Mailänder Maler schulten ihren Stil an diesem Werk und an den wenigen Porträts, die Leonardo während seiner Zeit am Hof der Sforza schuf.

Doch kann der Rang der Werke, die Leonardo in Mailand hinterließ, deren äußerst geringe Zahl kaum erklären. Ein Hofmaler wie Mantegna, der von seinem Herrn fest umrissene Aufträge erhielt und – wie schleppend auch immer – ausführte, war Leonardo offenbar nicht. Aber auch seine Tätigkeit als Militäringenieur, Architekt, Erfinder, Mathematiker, Anatom, Kunsttheoretiker und Festausstatter – für all diese Interessen liefern seine Aufzeichnungen Belege – kann mit Hilfe eines traditionellen Werkbegriffs nur schwer beschrieben werden, führte sie doch kaum je über vorbereitende Stadien hinaus. Das galt selbst für die Planung des monumentalen Reiterstandbilds, das Ludovico seinem Vater Francesco Sforza errichten wollte und mit dessen Entwurf Leonardo neun Jahre lang ergebnislos beschäftigt war. Für Ludovico Sforza hatte Leonardo offenbar allein durch dauernde Präsenz am Hof seine Pflichten erfüllt, während dem Künstler die Freiheit, seinen Interessen nachzugehen, Grund genug für sein langes Verbleiben war. In hohem Alter sollten ihm ähnlich großzügige Lebens- und Arbeitsbedingungen noch einmal vergönnt sein. König Franz I., der den greisen Leonardo an den französischen Hof berief und ihm mit dem Landgut Cloux bei Amboise einen schlossähnlichen Wohnsitz überließ, verzichtete generös auf jegliche Arbeitsleistung und suchte stattdessen täglich das Gespräch mit dem berühmten Meister. Noch lange Zeit später wird er sich an Leonardo als den weisesten Mann erinnern, der ihm je begegnet sei.

Leonardo da Vinci ist das prominenteste, aber keineswegs einzige Beispiel dafür, dass die Marktbedingungen für fähige Künstler im Italien der Renaissance hervorragend waren. Schon Federico da Montefeltro hatte geklagt, in der Toskana – der «Quelle der Architekten» – keinen Baumeister für seinen Palast gefunden zu haben. Um 1500 gehen kleinere Höfe dazu über, wichtige Gemälde auf dem Korrespondenzweg bei berühmten Meistern zu bestellen, ohne auf deren persönliche Anwesenheit bei Hof zu insistieren. Isabella d'Este, verheiratete Markgräfin von Mantua und bald schon renommierteste Kunstkennerin der Epoche, verlegt sich auf diese Methode, um für ihr *studiolo* im Castello di San Giorgio eine Galerie von Meisterbildern zusammenzubekommen. Gemeinsam mit Hofgelehrten entwirft sie höchst komplizierte literarische Sujets, die sie in Form von Briefen und Zeichnungen an berühmte Maler verschickt. Bei Leonardo hat sie keinen Erfolg. Aber Pietro Perugino, der im Laufe eines Jahrzehnts mehr als 70 Schreiben von ihr erhält, findet sich 1503 endlich bereit, nach ihren detaillierten Anweisungen den *Kampf zwischen Liebe und Keuschheit* zu malen. Vertragsgemäß muss er auf jede eigene Erfindung verzichten; das Bild fällt entsprechend reizlos aus.

Klüger geht Isabellas jüngerer Bruder Alfonso d'Este zu Werke, Herzog von Ferrara seit 1505, als er zwei Gemächer im eben erst erweiterten Verbindungsflügel zwischen alter und neuer Residenz mit kostbaren Reliefs und Gemälden ausstatten lässt. Auch für ihn legitimiert sich Malerei durch ihre Nähe zur Literatur, und entsprechend viel ist ihm an seiner Idee gelegen, zeitgenössische Maler mit der Rekonstruktion von Gemälden zu betrauen, wie sie antike Autoren beschrieben haben. Zwar scheitert er bei dem Versuch, erst den berühmten Raffael und dann Fra Bartolommeo für sein Vorhaben einzuspannen. Aber er gewinnt Giovanni Bellini, und auch bei Tizian hat er Erfolg. 1518 liefert der Venezianer, an der Schwelle zur Berühmtheit stehend und bis dahin vornehmlich mit religiösen Sujets und Porträts beschäftigt, sein *Venusfest* nach Texten von Philostrat zur größten Zufriedenheit des Herzogs in Ferrara ab. Wenige Jahre später ergänzen zwei weitere Bilder Tizians dieses Ein-

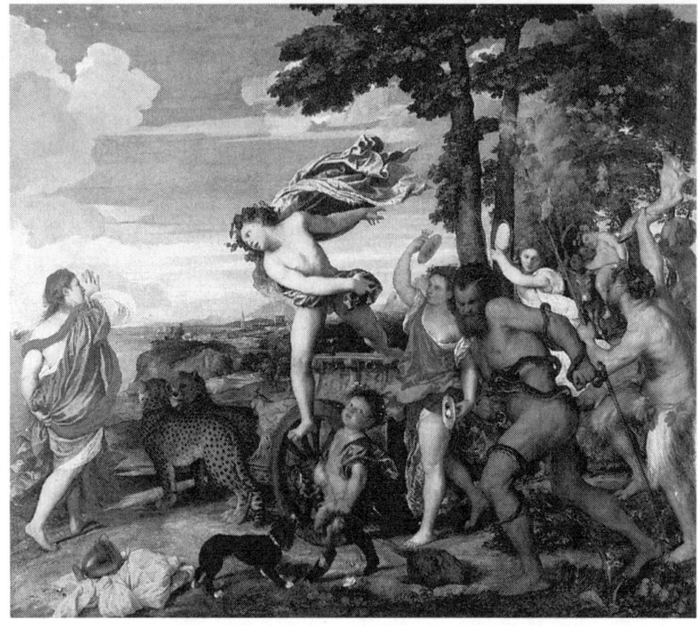

20 Tizian, Bacchus und Ariadne, 1518. London, National Gallery

stiegswerk zur Serie: zunächst *Bacchus und Ariadne* nach Catull und Ovid und schließlich das *Bacchanal der Andrier,* für das wiederum eine Beschreibung Philostrats Pate stand.

Nicht allenthalben gilt *Bacchus und Ariadne* (Abb. 20) als ein Meisterwerk Tizians. Der Zwang, verschiedene literarische Vorlagen im Bild zusammenzuführen, hat den Maler offenbar dazu geführt, kompositorische Brüche im Bild stehen zu lassen – was spielt sich vorn, was weiter hinten ab? Aber vielleicht waren solche Unklarheiten sogar willkommen, legten sie doch den synthetischen Charakter dieses Literaturbildes *par excellence* offen. Um so spontaner weiß Tizian den Betrachter durch die unvergleichliche Frische und das überschäumende Temperament seiner Akteure mitzureißen. Bacchus, der fliehenden Ariadne auf den Fersen, hält sein Prunkgefährt gar nicht erst an, sondern springt beherzt vom fahrenden Wagen, um der Angebeteten nachzueilen. Lachendes und trinkendes Gefolge, exotische Tiere und antike Gerätschaften geben der Szene das gewünschte Flair, eine weite Landschaft unter strahlendem Himmel umfängt das Geschehen, Begehren verbindet sich mit stiller Abkehr. Selten hatte Malerei bis dahin die antike Götterwelt so ausgelassen und sinnenfroh dargestellt. Gerade diese Züge seiner Kunst erweisen Tizian als begnadeten Leser Catulls und vor allem Ovids, der die Olympier schon dem antiken Publikum als höchst menschliche Gesellschaft geschildert hatte. Literaturmalerei als Bildungsprojekt, an den Höfen von Mantua und Ferrara in Gang gesetzt, hat hier jeden Anflug von trockener Illustration hinter sich gelassen, sie ist zu großer Kunst geworden.

Das neue Zentrum: Rom

Lust und Last der Geschichte

Schon in ihren Anfängen richtete die Kultur der Renaissance ihre Augen auf Rom. Aber um die Stadt mit der großen Geschichte war es in der Gegenwart schlecht bestellt. Das Exil der Päpste in Avignon (1309–1377) und das Große Schisma (1378–1417) hatten die einstige Metropole ärmer gemacht, ihre Zentren veröden und ihre Bauten verfallen lassen. Zum größten Problem wurde der dramatische Bevölkerungsrückgang: Er radierte ganze Stadtviertel aus, machte den Weg vom Zentrum zum Lateran zur gefährlichen Expedition und führte dazu, dass reiche Grundbesitzer sogar das Forum Romanum als Viehweide nutzten.

Andererseits war es gerade das von seiner Tradition verlassene Rom, an dem die Humanisten schon seit dem 14. Jahrhundert Gefallen fanden. Ihre Begeisterung für ferne Geschichtsräume störte sich nicht an der Gegenwart. Im Gegenteil, der aktuelle Niedergang der Stadt scheint der grenzenlosen Imaginationsbereitschaft der Literaten sogar entgegengekommen zu sein, boten die Ruinen Roms doch eine Projektionsfläche, in die sie ihre Vorstellung von versunkener Größe ungehindert einschreiben konnten. Dieses eigentümliche Verhältnis von Geschichte und Gegenwart klingt schon bei Francesco Petrarca an. Als er im Jahr 1337 nach Rom kommt, berichtet er einem Freund von der «Furcht, meine Augen [...] könnten mir verkleinern, was ich mir selbst im Geist vorgestellt hatte. Aber wunderbarerweise hat sich nichts vermindert, sondern alles vergrößert. Rom war wirklich größer, als ich glaubte, und größer sind seine Trümmer!»

Die ersten Künstler, die sich diese Perspektive auf Rom zu eigen machen, sind in den Jahren nach 1402 Brunelleschi und

Donatello. Von ihrer bahnbrechenden Expedition an den Tiber weiß man nicht viel. Aber am Sinn der Reise gibt es keinen Zweifel: Die beiden Florentiner widmen sich enthusiastisch dem Studium antiker Architektur und Kunst, der Erforschung von Ruinen und Inschriften, Reliefs und Skulpturen, soweit man sie im Stadtgewebe des mittelalterlichen Rom unter vielfacher Überlagerung noch aufspüren kann. Sie werden damit zum Vorbild für ungezählte Künstler, die in den folgenden Jahrhunderten zum Studium nach Rom ziehen werden. Bald nehmen sich auch Gelehrte der Antikenforschung an. Leon Battista Alberti, kurz zuvor als Sekretär an die Kurie verpflichtet, gibt 1431/32 mit seiner *Descriptio urbis Romae* den Anstoß für die topographische Erforschung der antiken Stadt. Fünfzehn Jahre später gelingt dem führenden Antiquar des 15. Jahrhunderts, Flavio Biondo, mit seiner *Roma instaurata* – entstanden zwischen 1444 und 1446 – eine erste Synthese zwischen textbezogenen und anschaulichen Methoden in der Erforschung der antiken Stadt.

Als Papst Martin V. – seine Wahl im Jahr 1417 hat das Schisma beendet – in den Vatikan einzieht, drängen sich allerdings die Bedürfnisse des zeitgenössischen Rom in den Vordergrund. Sinnvoller als die Errichtung neuer Bauten erscheint ihm zunächst die Sicherung und Modernisierung des Bestehenden. Als wichtigstes Medium tritt die Malerei in den Dienst dieses Programms. Aus Florenz und anderen Städten kommen prominente Maler wie Gentile da Fabriano, Masaccio und Pisanello nach Rom, ihnen folgen Fra Angelico und sein Gehilfe Benozzo Gozzoli. Deren umfangreiche Bilderzyklen in den Hauptkirchen Roms gingen durch spätere Eingriffe großenteils verloren, erhalten haben sich allerdings Nebenprodukte dieser großen Aufträge, nicht zuletzt Antikenstudien. Zeichnungen nach Denkmälern des Altertums sind in aller Regel ohne Auftrag, aus eigener Initiative der Künstler entstanden. Frühe Beispiele wie das Blatt, das ein Künstler aus dem Umkreis Pisanellos einem der beiden Rossebändiger auf dem Quirinal gewidmet hat, legen Zeugnis davon ab, welche Mühe sich Künstler der beginnenden Renaissance noch geben müssen, um zu einem elementaren Verständnis antiker Körperproportionen vorzustoßen (Abb. 21).

Eine päpstliche Vision

Welchen Eigenschaften verdankt die römische Kunst der Zeit zwischen 1500 und 1530, der die Kunstgeschichte im Nachhinein die Bezeichnung «Hochrenaissance» zugestand, ihre Wirkungsmacht? Der *Tempietto,* ein kleiner Kuppelbau im Klosterhof von San Pietro in Montorio, mag eine erste Antwort geben (Abb. 22). Die Rotunde zeichnet jenen Ort aus, an dem die Kreuzigungsstätte Petri vermutet wurde. Der Architekt Donato Bramante gab ihr eine einfache Form: Über niedrigem Stufenring erhebt sich auf rundem Grundriss eine dorische Säulenreihe mit geradem Gebälk. Sie umschließt eine kleine, ebenfalls runde Cella, die in einer halbkugelförmigen Kuppel gipfelt. Nicht die architektonischen Details – so originell ihre Erfindung ist – bestimmen die prägnante Wirkung des Baus, sondern der zwingende Zusammenhang, den der Entwurf zwischen ihnen stiftet: Alle Einzelheiten leiten sich aus der Kreisfigur ab; harmonische Proportionen fügen sie scheinbar mühelos zum Ganzen.

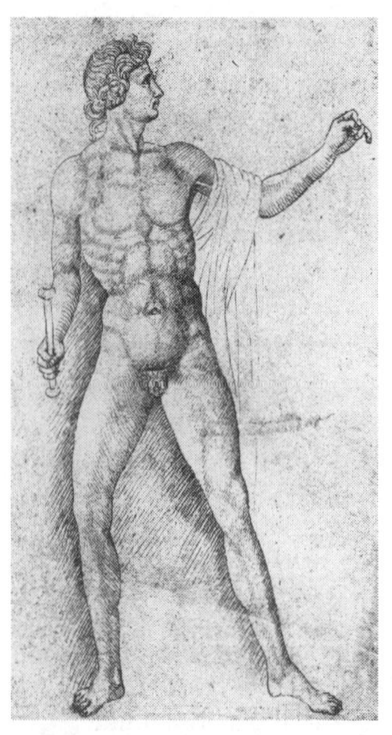

21 Pisanello-Umkreis, Zeichnung eines Rossebändigers vom Quirinal in Rom, 1431–38. Mailand, Ambrosiana

Zentralbauten spielten im Interessenhorizont der Renaissance schon früh eine herausragende Rolle, nicht zuletzt im Repertoire der Bildarchitektur waren sie beliebt. Doch erst die souveräne Formbeherrschung und das neue Interesse an einem integralen Entwurfsdenken, zu dem Bramante in der Auseinandersetzung mit der römischen Antike gelangt, verleihen dem Modethema «Zentralbau» jetzt Kontur und gül-

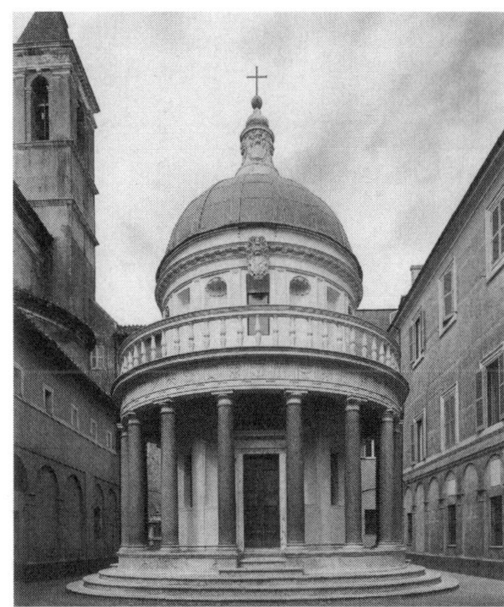

22 Bramante, Tempietto bei S. Pietro in Montorio in Rom, 1503.

tige Gestalt. Das großartige Pantheon, aber auch der kleine, von Säulen umgebene Rundtempel am Tiber zeigten Bramante, wie antike Architekten mit der Forderung umgegangen waren, kreisförmige Sakralbauten zu errichten. Als eines der ersten Werke, die Bramante in Rom verwirklichen konnte, macht der Tempietto bereits jene Kunst der lakonischen Verdichtung deutlich, die all seine späteren Entwürfe auszeichnen wird.

Bramante hatte als Architekt für den Herzog von Mailand gearbeitet und war 1499, als französische Truppen die Stadt erobert hatten, nach Rom übergesiedelt. Papst Julius II. della Rovere nahm ihn 1502, gleich nach der Thronbesteigung, in seine Dienste. Der neue Papst machte schnell durch ein untrügliches Gespür von sich reden, das er für das Leistungsvermögen von Künstlern besaß. Seine Wahl fiel nicht nur auf Bramante, sondern zugleich auf den Bildhauer Michelangelo und wenig später auf den Maler Raffael, die begabtesten Künstler der jüngeren Generation. Julius holte beide aus Florenz und eröffnete ihnen mit Großaufträgen ungeahnte Karrierechancen. Kraft

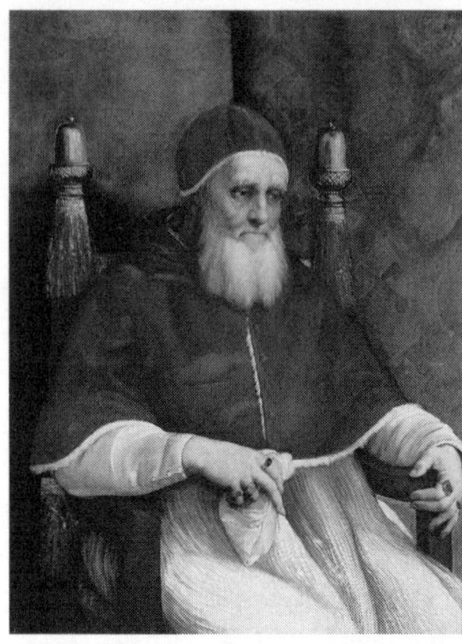

23 Raffael, Porträt Julius' II., 1512. London, National Gallery

dieser wenigen, alle Medien und Gattungen einbeziehenden Berufungen bot sich der Stadt Rom zum ersten Mal seit der Antike wieder die Chance, zum führenden Zentrum der Künste aufzusteigen.

Raffael wird 1512 das ergreifende Bildnis des alten, durch Misserfolge und Niederlagen empfindlich geschwächten Papstes malen (Abb. 23). Die resignativen Züge überwiegen, aber wie die juwelengeschmückte Linke die Sessellehne umklammert, lässt durchaus noch die einst gefürchtete Kraft dieses Mannes ahnen. Künstlerischen Vorhaben räumt Julius' Agenda freilich vor allem zu Beginn des Pontifikats einen wichtigen Platz ein, zu einer Zeit, als die päpstlichen Kassen noch verhältnismäßig gut gefüllt sind und die rastlose Energie, die Launen und der legendäre Jähzorn des Pontifex seine Umgebung immer neu in Schrecken versetzen. Rasch zeichnen sich die Leitlinien einer päpstlichen Kunstpolitik ab, die diesen Namen erstmals seit Langem verdient: Das eigene Grabmal, die Erneuerung der vatikanischen Residenz, die ambitionierte Einrichtung einer Sammlungsstätte für antike Kunstwerke, vor allem aber der Bau der neuen Peterskirche, der innerhalb der nächsten 100 Jahre Schritt für Schritt mit der Zerstörung der ehrwürdigen Basilika aus der Zeit Kaiser Konstantins des Großen einhergehen wird – all diese Projekte sollen die künstlerischen Bemühungen der unmittelbaren Vorgänger eindrucksvoll zusammenfassen.

Praktische Schritte zur Umsetzung des Programms werden in den Jahren 1503 bis 1505 parallel in Angriff genommen. Wie komplex die Abläufe gewesen sein müssen, lässt die Baugeschichte von Sankt Peter ahnen. In rasch aufeinander folgenden Schritten entwickelt Bramante einen Plan, der allen Wünschen des Papstes Rechnung trägt: Vermutlich von Anfang an durch ein Langhaus vorbereitet, soll ein großer Zentralraum, durch mächtige Pfeilerarkaden begrenzt und mit einer weitgespannten Kuppel bekrönt, das Petrusgrab auszeichnen und zugleich den räumlichen Schwerpunkt der Kirche bilden. Dieser Gedanke bleibt seit der Grundsteinlegung im Jahr 1506 über alle Planungsstufen der Folgezeit verbindlich und lässt sich beim Besuch der Peterskirche noch heute nachvollziehen.

Im Anschluss an die Kuppel plant Bramante einen Chorarm, der bereits vorhandene, im 15. Jahrhundert unter Papst Nikolaus V. gelegte Fundamente berücksichtigt. Hier, in der Achse des hochverehrten Apostelgrabs, aber inmitten des Chorgestühls platziert und auf diese Weise dem Gebet der Kanoniker anvertraut, soll das Grabmonument Position beziehen, das der Papst für sich selbst bei Michelangelo in Auftrag gegeben hat. Michelangelos Schöpfung ist also nicht für einen bereits vorhandenen Raum bestimmt, sondern wird zum mitentscheidenden Faktor bei der Errichtung der neuen Peterskirche. Verursacht durch die doppelte, Skulptur und Architektur gleich gewichtende päpstliche Vorgabe, muss es zwischen Bramante und Michelangelo schon früh zu Kompetenzstreit gekommen sein, der spätestens dann in persönliche Verdächtigungen münden und zur völligen Zerrüttung des gegenseitigen Verhältnisses führen wird, als der Papst von den anfänglichen Grabmalsplänen abrückt und der Bauausführung den Vorrang gibt.

Es dürfte kaum ein Zufall sein, dass man an diesem Punkt – unterrichtet vor allem durch die Michelangelo-Biographen des

16. Jahrhunderts – erstmals in der Geschichte genaue Kenntnis über einen Künstlerstreit und seine Hintergründe gewinnt. Neben den schwierigen Bedingungen des Auftrags ist es die im höchsten Maße personalisierte Kunstpraxis Julius' II., die das Verhältnis des Künstlers zu seiner Arbeit so sehr verändert, dass aus Konkurrenten Rivalen werden. Bei den Beteiligten entsteht eine Konfliktbereitschaft, die sich aus heutiger Sicht als Symptom für die Entstehung eines modernen künstlerischen Selbstbewusstseins darstellt, für lange Zeit aber auch ein Signum gerade des römischen Kunstbetriebs bleiben wird.

Die Tragödie des Grabmals

Die fatale Geschichte des Juliusgrabs, von Michelangelo selbst als *tragedia della sepoltura* bezeichnet, hat dazu geführt, dass Form und Umfang des ursprünglichen Projekts heute nur noch in Umrissen zu erschließen sind. Schon kurz nach der Auftragserteilung nimmt der Papst, wohl von Kritikern beeinflusst, Abstand von der ehrgeizigen Vorstellung eines freistehenden Mausoleums mit umfangreichem Skulpturenprogramm, an dessen Ausführung Michelangelo seit 1505 intensiv arbeitet. Die Dimensionen des Projekts werden noch zu Julius' Lebzeiten, erst recht aber unter seinen Nachfolgern, schrittweise zurechtgestutzt, wobei Michelangelo stets bemüht bleibt, Kernelemente seines Entwurfs in die jeweils erreichte Reduktionsstufe zu retten. Erst 1547 erfolgt die Installation des Wandmonuments in San Pietro in Vincoli, das zwar mit dem berühmten Moses über eine Statue von monumentaler Wirkung verfügt, kompositorisch aber kaum noch eine Ahnung der grandiosen Uridee vermitteln kann.

Michelangelos Konzeption des Monuments war nicht nur durch den Wunsch nach Erinnerung und dauerhaftem Ruhm bestimmt, sie sah auch eine ungewöhnlich deutliche Vergegenwärtigung des Todes vor. Eine Bildnisstatue des sterbenden Papstes, in seiner Hinfälligkeit von Engeln gestützt, sollte den Aufbau krönen. Vier auf die Ecken des Mausoleums postierte Kolossalfiguren hätten die Gruppe umrahmt – ein Zyklus, von dem Michelangelo allein die Moses-Statue ausführte. Schon immer wurde sie als Rollenporträt des Papstes aufgefasst. Zwar majestätisch thronend, stellt der Gesetzgeber des Alten Testaments dennoch nicht nur Würde zur Schau, sondern zeigt sich in bewegter Erregung begriffen und von höchster Aufmerksamkeit erfüllt. Große Bronzereliefs an den Wandfeldern des freistehenden Grabbaus sollten herausragende Ereignisse aus dem Leben Julius' II. schildern. Sie hätten keine sekundäre Zutat bedeutet, sondern den inhaltlichen Schlüssel zum Verständnis eines Bildprogramms geliefert, das die Regierung des Papstes als historisches Ereignis begriff. Stärker als der Rang des Toten wäre sein individuelles Verdienst betont worden. Siegesgöttinnen, die als Nischenfiguren geplant waren, hätten den triumphalen Charakter des Programms unmissverständlich zum Ausdruck gebracht.

Als Gegenbild zu den Viktorien waren die Statuen nackter, männlicher Gefesselter vorgesehen, die ursprünglich zwischen den Figurennischen Aufstellung finden sollten und heute in Florenz und Paris aufbewahrt werden (Abb. 24). Das hohe Pathos der bewegten Aktfiguren ist eine Reaktion auf die affektgeladene Motivsprache der antiken Laokoongruppe, die man kurz nach dem Regierungsantritt Julius' II. in Rom aufgefunden hatte. Im 16. Jahrhundert wurden Michelangelos Gefesselte übereinstimmend *prigioni* – Gefangene – genannt, die Bezeichnung «Sklaven» ist modern. Es verdeutlicht Michelangelos neuartigen, freien Umgang mit Sujets, dass die Bedeutung dieser Figuren schon unter den Zeitgenossen umstritten war. Der Michelangelo-Biograph Condivi sah in ihnen Personifikationen der Künste, die durch den Tod ihres größten Förderers in Fesseln gelegt worden seien. Dem

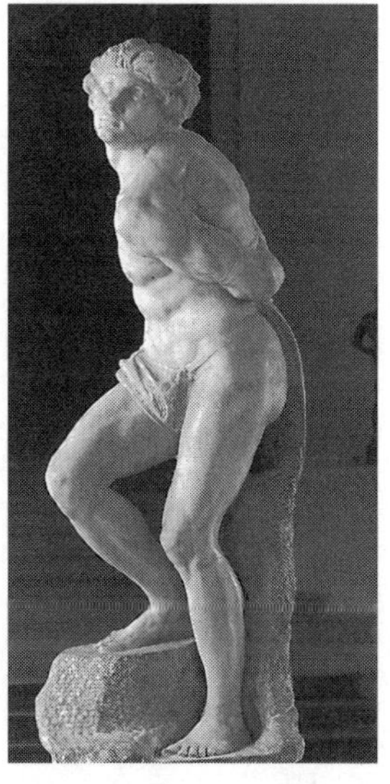

24 Michelangelo, «Gefangener» vom Juliusgrabmal, 1513–16. Paris, Louvre

ursprünglichen Programmentwurf näher kommt vermutlich Giorgio Vasari in seiner einflussreichen, 1550 erstmals erschienenen Sammlung von Künstlerbiographien, wo er die *prigioni* als unterworfene Provinzen deutet und auf diese Weise einen einleuchtenden Zusammenhang mit den Viktorien herstellt. Da Michelangelo auf jede Identifikation durch Attribute verzichtete und den Gestalten statt dessen allgemeingültige Züge des Leidens, der Resignation und des Befreiungswillens verlieh, erscheint die übliche Bindung der Figur an ein gestelltes Thema aufgehoben. Auf gänzlich neue Weise gelingt es, dem Betrachter Freiräume für eine assoziative Deutung des Gesehenen zu eröffnen.

Raffaels neue Klassik

Das italienische Wort *stanza* bedeutet «Zimmer», und nichts anderes als eine Zimmerflucht sind die Stanzen im zweiten Stock des vatikanischen Palastes: drei nicht allzu große, etwa quadratische Räume, die Julius II. seit dem Jahr 1507 als seine privaten Wohngemächer ausstatten ließ. Ihren Weltruhm verdankt die Raumfolge der Malerei des jungen Raffael. Aus Urbino stammend, hatte er frühe Erfolge als selbständiger Maler in Florenz errungen, bevor er durch Vermittlung seines Landsmanns Bramante den Ruf an den päpstlichen Hof erhielt. Die Ausmalung der päpstlichen Zimmer wurde ihm freilich nicht sofort in vollem Umfang anvertraut: Anfangs, 1508, war er lediglich Mitglied einer großen Künstler-Equipe, die das Vorhaben unter der Leitung erfahrener Meister – darunter Pietro Perugino – bereits in Angriff genommen hatte. Julius II. bewies ein weiteres Mal sein sicheres künstlerisches Gespür, als er – wie Giorgio Vasari berichtet – schon anhand erster Arbeitsproben die überragende Begabung des Vierundzwanzigjährigen erkannte, die bereits ausgeführten Wandbilder abschlagen ließ und ihm seit etwa 1509 die alleinige Verantwortung für die Kampagne übertrug.

Den überwältigenden Eindruck, den schon die Zeitgenossen angesichts der Malerei Raffaels empfingen, vollzieht bis heute wohl jeder Besucher der Stanzen nach. Über niedriger Sockelzone nah an den Betrachter herangerückt, beansprucht die Malerei in diesen Räumen nicht nur dekorativen Rang, sondern entwickelt höchste Suggestionskraft und nimmt die Sinne des Betrachters restlos in Beschlag. Als erster Raum wurde die Stanza della Segnatura ausgestattet (Abb. 17). Dem Beispiel Andrea Mantegnas folgend, öffnete Raffael die halbrund abschließenden Wände in grandiose Landschafts- und Architekturpanoramen, deren luftige Weiten das kleine Format des Raums vergessen lassen. In vollendeter Ordnung und trotzdem lebendig einander zugewandt, schreiten in der *Schule von Athen* berühmte Denker der Antike von fern auf den Betrachter zu. In die Mitte des Bildfelds und zugleich an das Ende der perspektivischen Bildachse platzierte Raffael Platon und Aristoteles mit ihren Begleitern. Unterstützt von der Bildarchitektur – einer lichtdurchfluteten Wandelhalle, die unverkennbar auf Bramantes Planung für die Peterskirche anspielt – strahlt die Gruppe höchste Autorität und Würde aus.

In den Augen Raffaels und seiner Zeitgenossen gehorchte das antike Denken einem folgerichtig gestuften Modell, das zwischen den einzelnen Wissenschaften einen engen Zusammenhang stiftete. Es war unvorstellbar, zu den philosophischen Leitdisziplinen Erkenntnislehre und Ethik vorzudringen – für sie stehen Platon und Aristoteles –, ohne zunächst einen Kanon natur- und geisteswissenschaftlicher Fächer durchlaufen zu haben. Entsprechend verbietet es die perspektivische Bildregie der *Schule von Athen,* sich unmittelbar den Hauptpersonen im Zentrum zuzuwenden. Zahlreiches Nebenpersonal lenkt den Blick in einzelnen Schritten von vorn in die Tiefe, von den Seiten zur Mitte, von unten nach oben. Vergleichsweise locker gruppiert, in angeregte Gespräche vertieft, schreibend oder sinnierend, repräsentieren die Gestalten des Vorder- und Mittelgrunds die Philosophie als allumfassende Wissenschaft. Die Posen der Schüler, die sich um ältere Lehrer versammeln, drücken gespannte Aufmerksamkeit aus. In der Peripherie des Raums schafft eilige Bewegung einen Kontrapunkt zum ruhigen Schritttempo der Mittelgruppe, so scheinen links zwei Schüler eilig in die Halle zu stürmen. Alle diese einzelnen Motive, in denen das

Bildgeschehen Anschaulichkeit und Plastizität gewinnt, fasst Raffael in einem einzigen großen Spannungsbogen zusammen. Von den intensiv agierenden Gruppen des Vordergrunds gelangt man über immer ruhiger gestaltete Handlungsabläufe zum zentralen Punkt der Komposition, der zugleich den Höhepunkt der Figurenhierarchie markiert.

Zahlreiche Zeichnungen gewähren Einblicke in Raffaels Entwurfspraxis, die auf reibungslose Abstimmung der Arbeitsschritte in einem vielköpfigen Atelier zielte und einen hohen Qualitätsstandard selbst dann noch garantierte, wenn sich der Meister an der Ausführung der Gemälde nur noch selten beteiligte. Größte Sorgfalt galt den einzelnen Stufen der Bildvorbereitung: Ausgehend von Kompositionsskizzen, die das Bildganze ins Auge fassen, wurde jede Einzelfigur genau studiert, in vielen Fällen am lebenden Modell. Am Schluss stand der große Karton, ein detaillierter Gesamtentwurf, der in maßstäblicher Vergrößerung auf die Wand übertragen werden konnte. Diese ausgefeilte Entwurfstechnik gehört zu den Voraussetzungen der oft bewunderten, aber immer wieder auch beargwöhnten Kompositionskunst Raffaels, seiner nie versagenden Kontrolle über das Bild, die alle figürlichen Erfindungen überlegt dem Ganzen einordnet.

Nicht eindeutig zu bestimmen ist die ursprüngliche Raumfunktion der Stanza della Segnatura – eine Bezeichnung, die erst auf eine spätere Epoche zurückgeht, als hier ein päpstliches Gericht tagte und entsprechende Dokumente ausfertigte. Möglicherweise diente sie Julius II. als Privatbibliothek, wobei man sich die Bücher in niedrigen Schränken vor der Sockelzone, die erst im Nachhinein bemalt wurde, untergebracht zu denken hat. Zu dieser Bestimmung würde die außergewöhnliche Thematik passen, die nicht nur die *Schule von Athen,* sondern das gesamte Bildprogramm des Raums bestimmt. Dargestellt ist das Gebäude menschlichen Wissens, wie es sich unter göttlicher Inspiration von der Antike bis zur Gegenwart geformt hat. Dass Raffael dabei die Verbildlichung eines historischen Ablaufs, zumindest aber eines zeitlich zu denkenden Prozesses im Sinn hatte, verdeutlicht die Gegenüberstellung der *Schule von Athen* mit der *Disputa*, jener kunstvoll arrangierten Versammlung himmlischen und weltlichen Personals, die sich um das in einer Monstranz ausgestellte Altarsakrament geschart hat. Christliche und heidnische, antike und zeitgenössische Wissenschaft treten einander also in der Stanza della Segnatura gleichberechtigt gegenüber. Schlaglichtartig macht diese friedliche Nachbarschaft bewusst, wie groß, ja zukunftsweisend der Schritt war, den die Renaissance in ihrem neuen Verhältnis zur Antike, ihrem Urteil über Geschichte und ihrer Bewertung von Erkenntnis und Wissen getan hat.

Michelangelos Antwort

Parallel zur Berufung Raffaels sah sich auch Michelangelo von Julius II. vor die Herausforderung gestellt, seine Fähigkeiten als Maler an einer großen Aufgabe zu erproben. Nachtragend wie er war, hat Michelangelo den 1508 erteilten päpstlichen Befehl, die Arbeit am Grabmal wiederum zurückzustellen und statt dessen das Gewölbe der Sixtinischen Kapelle mit Szenen aus der Genesis zu freskieren, zeit seines Lebens als persönliche Kränkung aufgefasst. Aus der Sicht Julius' II. gab es freilich rationale Gründe für diese Entscheidung: Einerseits war sie – flankiert durch den an Raffael ergangenen Auftrag zur Ausmalung der Stanzen – ein Votum des alternden Papstes für die Malerei als jene Kunst, die im Unterschied zu Architektur und Skulptur auch große Vorhaben in begrenzter Zeit zu bewältigen versprach. Zum anderen sollte ihn das Engagement für die Sixtinische Kapelle, ähnlich wie die zur gleichen Zeit in Rom verfolgten städtebaulichen Reformvorhaben, in seinen letzten Regierungsjahren erkennbar in die Nachfolge seines Onkels Sixtus IV. rücken, der 30 Jahre zuvor den Bau der Sixtina und deren Ausstattung mit bedeutenden Wandbildern befohlen hatte. Meister wie Sandro Botticelli, Luca Signorelli und Pietro Perugino, Raffaels Lehrer, waren seinerzeit zur Mitwirkung an diesem Zyklus eingeladen worden. Mit der gleichzeitigen Beschäftigung zweier Künstler von höchstem Rang, denen Julius je ein großes, zusammenhängendes Raumprogramm anvertraute, wurde jetzt freilich ein Künstlerwettbewerb eröffnet, wie ihn Rom und Italien noch nicht gekannt hatten. Nicht einmal die antike Kunstliteratur, in der die Renaissance ihre Vorliebe für derartige Konkurrenzen begründet sah, wusste Vergleichbares zu berichten.

Schenkt man einem Brief Michelangelos Glauben, den er allerdings erst 1523, also mehr als ein Jahrzehnt nach Abschluss der Arbeiten in der Sixtina, verfasst hat, dann war er selbst der Erfinder des höchst komplexen Programms nach dem Alten Testament, dem die Ausmalung der Decke folgt. Sein Auftrag habe sich zunächst auf eine Darstellung der zwölf Apostel sowie auf dekorative Füllmalerei beschränkt; auf seine Kritik hin, daraus könne nur eine «ärmliche Sache» entstehen, sei der Papst aber zum Einlenken bereit gewesen und habe ihm bei der Themenwahl freie Hand gelassen.

Am Gewölbe der Sixtinischen Decke hatte das 15. Jahrhundert lediglich eine Darstellung des gestirnten Firmaments hinterlassen. Um die vielen Figuren und Themen, die Michelangelo stattdessen vorsah, übersichtlich zu ordnen, entwickelte er eine Scheinarchitektur, die zahlreiche Orte für Bilder – das heißt bei Michelangelo stets Figuren in größter Fülle – bereithielt (Abb. 18). Auf dem untersten Abschnitt, den halbkreisförmigen Lünetten und dreieckigen Stichkappen oberhalb der Fenster, stellte Michelangelo in bewegten Einzelgestalten und szenischen Gruppen die Vorfahren Christi dar. Vorbereitet und flankiert von weiteren Nebenfiguren wie den berühmten Propheten und Sibyllen (Umschlagbild), gipfelt das Programm in einer Folge von neun erzählenden Bildern wechselnden Formats auf dem Gewölbespiegel. Die größeren gewähren Blicke durch das architektonische Gerüst, die kleineren stellen gerahmte, scheinbar vor die gliedernden Querbögen platzierte Fenster dar.

Die so organisierte Bildfolge breitet Ereignisse aus der Genesis von der Weltschöpfung über die Erschaffung Adams bis zur Geschichte Noahs aus. Sie ergänzt damit die Wandbilder aus der Zeit Sixtus' IV., in denen sich nach einem differenzierten theologischen Programm Darstellungen aus dem Wirken Mose mit Szenen aus dem Leben Christi verschränken. Erst Michelangelos Deckenmalerei macht die Ausmalung der Kapelle also zum Bilderkosmos: Was die Sixtina seither vor Augen stellt, ist eine umfassende Deutung der Historie aus christlicher Sicht. Den Zeitaltern nach Moses (*sub lege,* unter dem Gesetz) und nach dem Erscheinen Christi (*sub gratia,* unter der Gnade) fügt Michelangelo die Anfänge der Weltgeschichte – *ante legem,* vor dem Erlass des mosaischen Gesetzes – hinzu.

Am 31. Oktober 1512, zur Feier der Vigil von Allerheiligen (und genau fünf Jahre vor der Veröffentlichung von Martin Luthers 95 Ablassthesen), konnte die Sixtinische Decke erstmals besichtigt werden. Innerhalb von vier Jahren hatte Michelangelo sein Werk vollendet. Zwar arbeitete er nicht, wie früher angenommen, allein, sondern beschäftigte eine Reihe von Gehilfen. Dennoch zeugt die rasche Ausführung der Malerei von einer handwerklichen wie erfinderischen Meisterschaft, die Michelangelo entgegen eigenen Äußerungen als genuinen Maler ausweist. Genauere Einsichten in seine Malweise hat die Restaurierung der Decke in den Jahren zwischen 1981 und 1993 erbracht. Ans Licht kam eine vollendete Beherrschung der Freskotechnik, des *buon fresco,* das spontanes Arbeiten auf zuvor präparierten, nassen Putzflächen verlangt. In aller Regel konnten die Tagwerke (*giornate*) unverändert stehenbleiben, ohne dass auf der trockenen Malerei mit Temperafarben (*a secco*) nachgebessert werden musste. Resultat der exzellenten Maltechnik Michelangelos ist der makellose Erhaltungszustand der Bilder. Man lernt Michelangelos helle, kühl abgetönte Palette kennen, in der Grün, Orange und Violett den Ton angeben und die durch feinste chromatische Übergänge besticht. Kontrastierende Licht- und Schattenpartien, schillernde Glanzlichter tragen ein Übriges zum überwältigenden Eindruck bei.

Verglichen mit solcher Malerei wirken nicht nur die Bilder aus der Zeit Sixtus' IV. wie Werke sorgfältiger Miniaturisten. Auch Raffaels frühe Arbeiten in den Stanzen, so auch die *Schule von Athen,* sind von Michelangelos kraftvollem Duktus weit entfernt. Zu verschieden war nicht nur das individuelle Temperament beider Künstler, zu sehr hob sich auch die systematische Bildvorbereitung Raffaels mit ihren zahlreichen Entwurfsschritten von der sehr viel großzügigeren, auf den inspirierten Augenblick setzenden Praxis Michelangelos ab. Möglicherweise sah Michelangelo in der Kultivierung seiner Spontanmalerei, jener *prontezza,* die bald zu den gesuchtesten Qualitäten der Renaissancemaler gehören sollte, sogar die beste Chance, sich in der Konkurrenz zu Raffael einen entscheidenden Vorteil zu verschaffen: Hatte dieser doch gerade erst die Arbeit an der zweiten Stanze aufgenommen, als das Riesenwerk der Sixtina bereits enthüllt werden konnte.

Rom und die Welt

Das Rom der Renaissance war das Rom der Päpste. Aber es wurde bald auch zur Schule der Welt, sogar unabhängig davon, welche religiöse Position man zum Papst oder zur katholischen Sache beziehen mochte. Seit dem 16. Jahrhundert wird es immer selbstverständlicher, sich als Maler, Architekt, Sammler oder Kenner sein künstlerisches Urteil in Rom zu bilden und dabei die Werke der Renaissance gleichberechtigt neben denen der Antike zu studieren. Das ist nicht Ergebnis bloßer Entwicklung, sondern bewusst ergriffener Initiative. Denn dass das neuzeitliche Rom Kunstzentrum von weltweiter Ausstrahlung werden kann, ist das wesentliche Ergebnis jener Allianz, die Raffael, Bramante, Michelangelo und viele andere Künstler mit Päpsten wie Nikolaus V., Sixtus IV., Julius II. und manchem ihrer Nachfolger eingegangen sind. Man darf nicht vergessen, dass es zum Gutteil auch ein Werk dieser Künstler und Päpste war, die antike Hinterlassenschaft Roms geordnet, erforscht, restauriert und zugänglich gemacht zu haben.

Wie konnte das Engagement weniger Künstler und Kirchenmänner diese beispiellose Ausstrahlung gewinnen? Gewiss standen hinter dem kulturellen Einsatz der Päpste Beweggründe, wie sie auch für die Patronage weltlicher Fürsten ausschlaggebend waren – Ansehen, Legitimation und Statussicherung konnten ihnen als gewählten Herrschern keineswegs gleichgültig sein. Aber spätestens seit Julius II. galt es auch, nicht nur dem amtierenden Papst, sondern dem päpstlichen Amt – unabhängig davon, wer es gerade ausfüllte – eine ästhetische Identität zu verleihen. Dem Selbstverständnis der Päpste entsprechend, waren solche Ansprüche nie allein auf Rom, Italien oder die Katholiken, sondern immer auf die Welt als ganze bezogen. Julius II. und seine Künstler haben dieser Entgrenzung mit den Stanzen, der Sixtinischen Decke und dem Bau von Neu-Sankt-Peter beispielhaft Ausdruck verliehen – Werken, die immer mit ihren Namen verbunden blieben, sich aber zugleich in die Bildgeschichte des Papsttums, der Stadt Rom und der Weltkultur dauerhaft eingetragen haben.

Die Päpste des frühen 16. Jahrhunderts hatten noch keineswegs erkannt, wie dringend es an der Zeit war, neben der weltlichen auch die geistliche Dimension ihres Amtes wiederzubeleben. Zweifellos war, das zeigt sich hier ganz unmissverständlich, Verdrängung eine treibende Kraft der Renaissancekultur. Erstaunt es doch bis heute, wie wenig man als Besucher Roms vom welthistorisch bedeutendsten Geschehen erfährt, das sich zur Zeit der Renaissance abgespielt hat – der Reformation und der nachfolgenden Kirchenspaltung. Dabei standen diese Ereignisse in engem Zusammenhang mit der päpstlichen Kunstpolitik. Leo X., als Sohn Lorenzos de'Medici an verschwenderischen Aufwand für alles Schöne gewöhnt, ließ trotz ungesicherter Finanzierung die Pläne für St. Peter erheblich erweitern; der Ablass, den schon Julius für den Bau ausgeschrieben hatte, wurde unbedenklich erneuert. In Deutschland erwuchs daraus eine erste, auf lange Sicht folgenreiche Kritik an dem Bauvorhaben, das als Symbol unangemessener und ausbeutender, ja schamloser päpstlicher Prachtentfaltung galt. Luthers Kritik an der Ablasspraxis richtete sich indirekt auch gegen den Bau, der so zu einem auslösenden Faktor der Reformation wurde.

Auch für andere epochale Einschnitte hat Rom offenbar kein Gedächtnis entwickelt oder gibt das in seiner Kunst wenigstens vor. Die einzig sichtbaren Spuren, die uns heute auf die Besetzung Roms durch kaiserliche Truppen im Jahr 1527 verweisen – den *sacco di Roma,* in Wirklichkeit bis heute ein Trauma der Stadt –, sind jene Graffiti, die erst vor einigen Jahren bei Restaurierungen in der Farnesina, Roms schönster Renaissancevilla, zutage getreten sind. In Schmähversen, die sie roh in den Freskenschmuck des Festsaals ritzen («was sol ich schreibenn und nit lachen/die lansknecht habenn den babst louffenn machen»), gießen dort deutsche Landsknechte ihren Spott über den Papst aus, den sie eben aus der Stadt vertrieben haben.

Gab sich das Papsttum gegen Gefährdung und Kritik wirklich so immun, wie das seit Langem auch die katholische Geschichtsschreibung zerknirscht eingesteht? Oder war seine Entscheidung, dem eigenen Geltungsverlust zwar nur zaghafte Taten, aber umso stärkere Bilder entgegenzusetzen, nicht letztlich Beweis für eine überlegene Strategie? Es ist ja kaum übertrieben zu behaupten, dass das päpstliche Amt die ihm eigene, zähe Unempfindlichkeit gegenüber Vorwürfen und Krisen – und damit seine Überlebensfähigkeit – immer neu an seinen Bildern entwickeln konnte. Erweist sich die prägnante Sprache dieser Bilder doch als fähig, das Postulat unverlierbarer Tradition, ja überhistorischer Beständigkeit nicht nur auf das Papsttum selbst zu beziehen, sondern in diese Behauptung auch die Kultur Roms und der Antike, ja – wie die Sixtina zeigt – die ganze Menschheitsgeschichte einzubeziehen. Darin liegt jene eigentümliche Welthaltigkeit der römischen Renaissancekunst begründet, deren Nachklang bis heute spürbar bleibt.

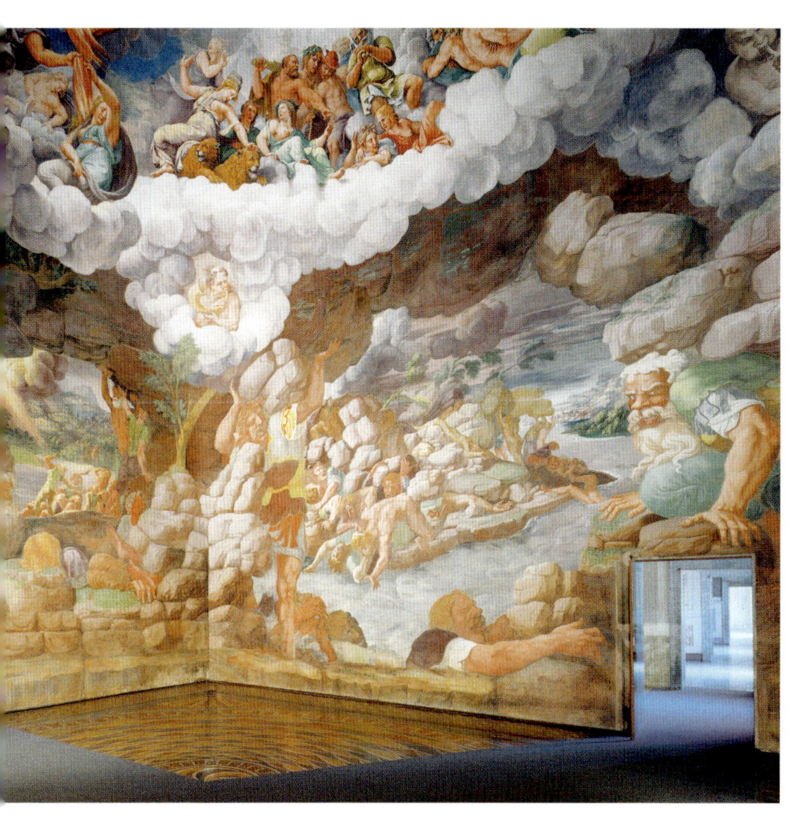

25 Giulio Romano, Sala de' Giganti, 1530–31. Mantua, Palazzo del Te

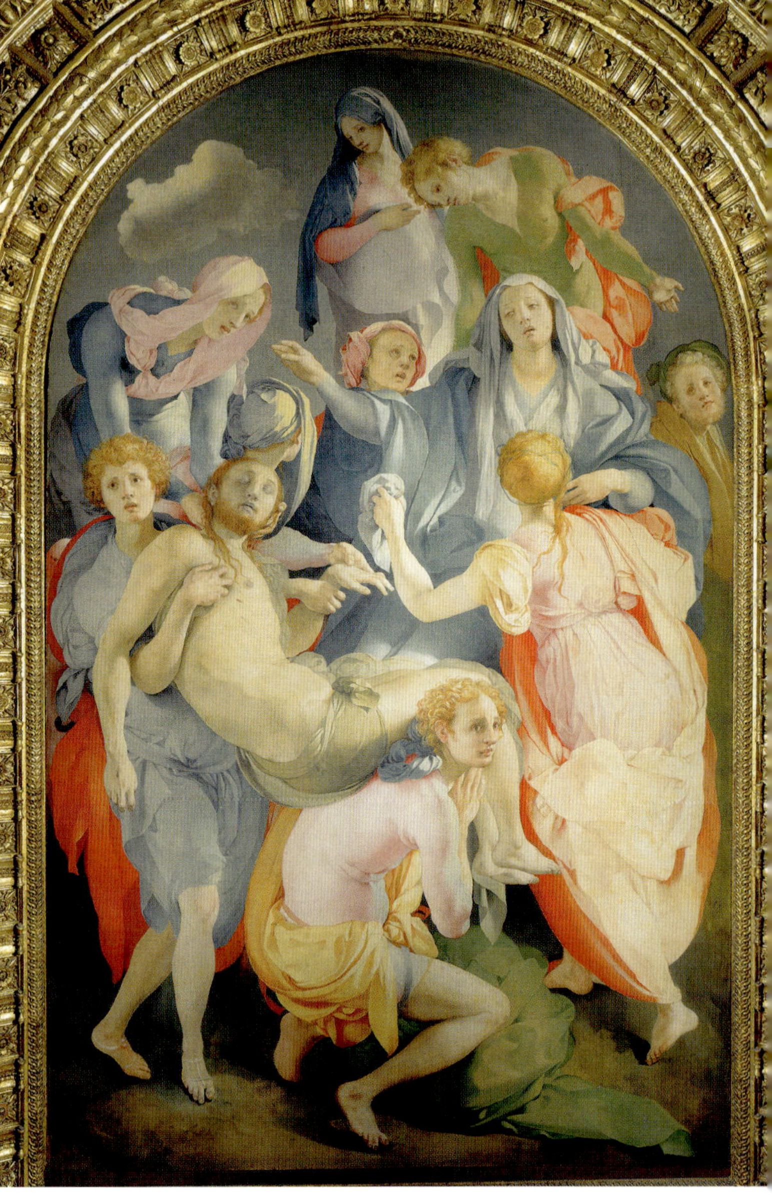

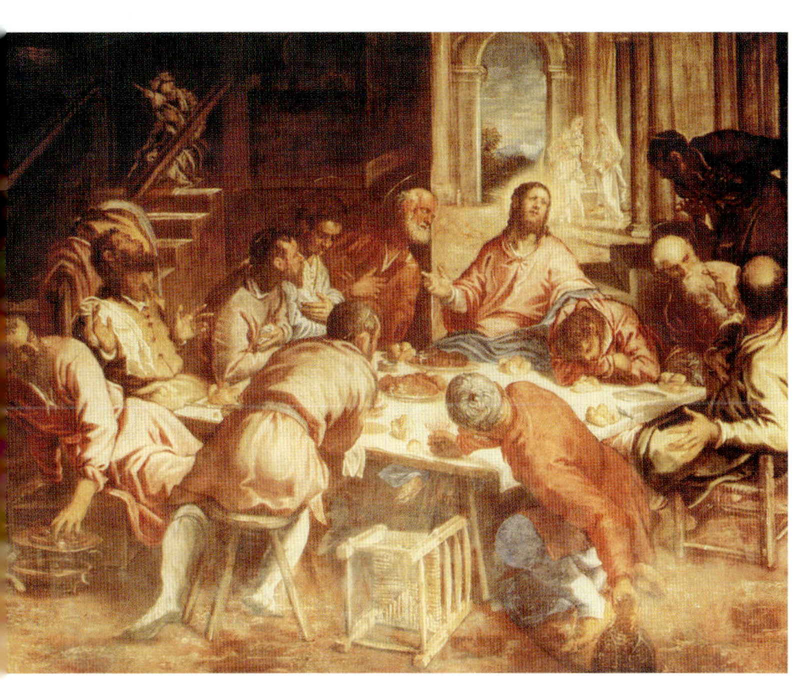

26 (links) Jacopo Pontormo, Kreuzabnahme, 1528. Florenz, S. Felicità

27 (oben) Jacopo Tintoretto, Das letzte Abendmahl (Ausschnitt), 1556. Venedig, S. Trovaso

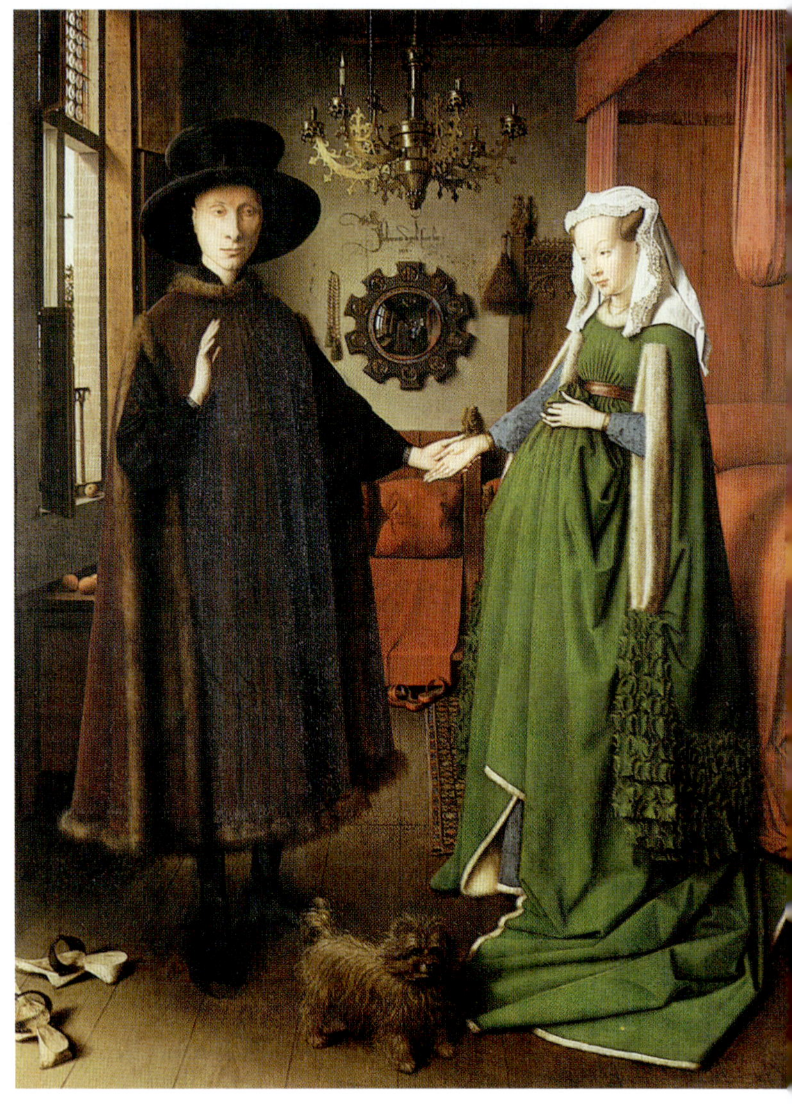

28 Jan van Eyck, Arnolfini-Hochzeit, 1434. London, National Gallery

Kult der Erfindung: Der Manierismus

Spielräume

«Manierismus» ist ein Begriff, der oft ratlos macht. Ein manieristisches Kunstwerk, so wird gern unterstellt, müsse sich der kalkulierten Wirkung, dem Ideal der Künstlichkeit verschrieben haben – gleich ob in Dichtung oder Malerei, Musik oder Architektur. Spezieller wird unter Manierismus freilich die späte Phase der Renaissance verstanden, die man etwa mit dem Zeitraum zwischen 1520 und 1600 gleichsetzen kann. Und in der Tat: Die Kunst dieser Jahrzehnte findet häufig, wenn auch keineswegs immer, ihr Merkmal in absichtsvoll vermiedener Natürlichkeit, in willkürlicher Übertreibung und gesuchter «Schwierigkeit» der Form.

Der Maler Jacopo Pontormo macht diese neue Zielsetzung in seiner *Kreuzabnahme* auf eine bis heute verstörende Weise deutlich (Abb. 26). Das große Altargemälde wird 1528 in der Capponi-Kapelle von Santa Felicità in Florenz enthüllt. Weder Kreuz noch Grab sind im Bild dargestellt. Stattdessen agieren die Figuren vor einer neutralen, graublau eingefärbten Fläche, die deutlich anzeigt, dass sie nur eines sein will: Hintergrund für Malerei. Der Leichnam Christi steht nicht im Mittelpunkt, wie man erwarten könnte. Er findet sich links im Bild, die Madonna rechts. Die zentrale Achse besetzt stattdessen eine Nebenfigur: ein namenloser Jüngling, der den Leichnam schultert und einen provozierenden Blick über die Bildgrenze schickt. All das ist in eine fließende Bewegungsregie mit vielfachen Überlagerungen eingebunden. Der Forderung nach perspektivisch klarem Bildaufbau, wie ihn die Renaissance zur Norm der Malerei erhoben hatte, spricht Pontormos Schöpfung Hohn. Und die Farbigkeit? Sie ist wohl das schockierendste unter allen Mitteln, die Pontormo einsetzt, um Tradition absichtsvoll zu brechen. Die Palette ist hell und intensiv, erzeugt starkes, schillerndes Licht und bevorzugt nuancenreiche, raffiniert abgetönte und keineswegs natürlich wirkende Farben – Pink und Violett, kühles Hellblau und fast weißes Inkarnat.

So selbstbewusst Pontormo auch das Neue seiner Kunst in Szene zu setzen weiß, so wenig arbeitet er doch außerhalb der Möglichkeiten seiner Zeit. Souverän nutzt er die Voraussetzungen, die ihm die Malerei des beginnenden 16. Jahrhunderts zur Verfügung stellt. Michelangelos Sixtinische Decke etwa hat mit ihrem unverwechselbaren Farbstil ihre Spuren bei Pontormo hinterlassen. Und das Spätwerk Raffaels, zum Beispiel die berühmte *Transfiguration,* hat schon früher den Rollentausch zwischen Haupt- und Nebenakteuren erprobt. Vorboten des Manierismus kann man also bereits in der römischen Kunst der Hochrenaissance aufspüren.

Kaum ein schärferer Kontrast lässt sich denken als der zwischen Pontormos kühler Figurenregie und jenem Ausbruch von Gefühl und Bewegung, den Jacopo Tintoretto in seinem *Letzten Abendmahl* von etwa 1556 entfesselt (Abb. 27). Der große Manierist Venedigs hat das Thema mehrfach gemalt; diese Fassung ist in seiner mittleren Schaffensperiode für die Kirche San Trovaso entstanden. Schon der Einstieg in die Szene gestaltet sich dramatisch: Über den umgestürzten Stuhl im Vordergrund wird der Blick auf die Ecke der Tischplatte gelenkt, deren Kanten in kühnen Diagonalen den Raum durchmessen. Rot und Braun grundieren den Farbklang, aber die Mitte des Geschehens scheint unversehens aufgehellt, als hätten wir eine Tür in den Raum aufgestoßen. Tintoretto taucht den Tisch in eine gleißende Lichtbahn, um die Randzonen des Raums in schwärzlichem Dunkel zu belassen. Die Figuren vorn gibt er in jäher Bewegung – einer stützt sich sprungbereit auf den Tisch, der andere will eben die Korbflasche aufheben, die hinter ihm auf dem Boden steht, wendet den Kopf aber in äußerster Überraschung zu Jesus zurück. Ein dritter Jünger links wiederholt die Pose in symmetrischer Umkehrung. Unverkennbar schöpft dieses Motivrepertoire aus dem Vorrat an Bewegungsmustern, den Michelangelo in den Nebenfiguren der Sixtinischen Decke angelegt hat. Aber die Aktion der drei Jünger, so beeindruckend sie wirkt, steht nicht für sich. In ihr kommt vielmehr eine Welle psychischer Erschütterung zum Höhepunkt: Fragende Blicke, zurückgeworfene und gereckte Köpfe, Gesten des Erschreckens bekunden rund um den Tisch die Bedeutsamkeit des Moments. In merkwürdigem Gegensatz zu dieser Ergriffenheit steht die Hauptfigur. Jesus wirkt wie entrückt; in seinem Stuhl zur Seite sinkend, lässt er die Bildachse leer. Er wendet sich keinem der Umsitzenden zu, sondern spricht die Einsetzungsworte in die Leere des Raums hinein, als seien sie gar nicht an die Jünger gerichtet.

Ihre verblüffende Wirkung verdankt Tintorettos Schöpfung gewiss auch dieser bewussten Störung des Erzählzusammenhangs. Doch ist es zugleich die soziale Ansiedlung der Szene, die vorgefasste Erwartungen durchkreuzt – man muss zum Vergleich nur an Leonardos Mailänder *Abendmahl* denken. Hat sich dort eine gesittete Tischgesellschaft in einem vornehmen Speisesaal versammelt, so bevölkern hier struppige Männer ein zweifelhaftes Verlies, nur ganz im Hintergrund erscheint noble Architektur. Mäntel sind nachlässig über das Treppengeländer geworfen. Man begnügt sich mit zusammengewürfeltem Mobiliar, hält keine Tischordnung ein und stört sich nicht an einer Katze, die sich neben dem Wasserbecken räkelt. Das Recht zum eigenen Blick nimmt sich Tintoretto also nicht nur in der formalen Strategie seiner Malerei, sondern auch in der Handlungsweise seiner Figuren, der Situierung und Deutung seiner Themen. Damit gewinnt der Begriff des Manierismus eine tiefere Dimension – greift er doch von der Freiheit des Gestaltens über auf eine Freiheit des Verstehens.

Ähnlich wie «Renaissance» ist auch «Manierismus» ein Wort, das auf eine Prägung der Epoche selbst zurückgeht. Mit *maniera* bezeichnete man die Gestaltungsweise eines Künstlers, seine Handschrift oder, wie wir heute sagen würden, seinen persönlichen Stil. In dieser Bedeutung kommt das Wort vereinzelt schon im 15. Jahrhundert vor, aber erst in der Zeit nach 1520 wird *maniera* immer mehr ein gesuchtes Qualitätsmerkmal von Kunst. Giorgio Vasari macht das in seinen Künstlerbiographien deutlich, die in erster Auflage 1550 erscheinen und sensibel auf neue Wertsetzungen reagieren. Dass sich Kunst durch Naturtreue und Befolgung antiker Vorbilder auszeichnen müsse, war das Grundgesetz der Renaissanceästhetik. Es ist jetzt keineswegs außer Kraft getreten. Aber die Forderung nach Originalität und persönlicher Erfindungsleistung kommt hinzu. Kunst des Manierismus – wir könnten auch von «Spätrenaissance» sprechen, doch hat sich der Begriff nie etablieren können – zeichnet sich stets durch eine polare Spannung zwischen diesen Normsetzungen aus.

Scherz und Ernst

Vor den Toren der Stadt großzügig in die Flussebene gelagert, von ehemals weitläufigen, wenn auch größtenteils verschwundenen Gärten umgeben: Mit Recht, so scheint es, kann der Palazzo del Te bei Mantua als Musterbeispiel eines fürstlichen Lusthauses der Renaissance gelten. Intime Villenkultur ist hier ins Großartige gesteigert, die ganze Anlage entspricht dem zeittypischen Wunschbild des von Stadt und Hof befreiten, dem Ideal der Bildung und der Muße lebenden Herrschers. Doch wird der Besucher schon bald durch Eindrücke irritiert, die sich als bildliche Hinweise auf Verfallsprozesse, sogar auf Gewalt und Zerstörung deuten lassen. Einzelne Gebälkstücke und Schlusssteine haben sich so weit aus dem Mauerverband gelöst, dass sie im nächsten Augenblick herabzufallen drohen. Muss man an der Stabilität des Bauwerks zweifeln oder gar um seine Sicherheit bangen? Noch furchterregender wirkt die Darstellung des Gigantensturzes im Innern des Baus (Abb. 25) – der nichtsahnende Betrachter gerät unversehens in ein Szenario von Kampf und Untergang, wie es noch keine Malerei je dargestellt hat.

Giulio Romanos Palazzo del Te, um 1525 begonnen, steht für die Anfänge des Manierismus in Kunst und Architektur. Er ist eine Leistung von europäischem Rang: In der Konzeption bewusst neuartig, gewinnt dieses aus einem Guss entworfene, in Architektur, Dekor und Bild gleichermaßen brillierende Regiekunstwerk schon bald modellhafte Bedeutung. So freimütig sich der Entwurf auch gegen bestimmte Wahrnehmungsmuster der

Renaissance richtet, so wenig gibt er deren Besitz an klassischem Vokabular oder gar jenen künstlerischen Qualitätsanspruch auf, der sich im Rom der Hochrenaissance so eindrucksvoll hatte durchsetzen können und mit dem Giulio Romano, der Meisterschüler Raffaels, aufgewachsen war.

Dass der Gonzaga-Hof jetzt erneut eine Hauptrolle im europäischen Kunstgeschehen übernehmen konnte, verdankte er der aktuellen Krise Roms. Ein Maß an Kunstförderung, wie es den Päpsten Julius II. und Leo X. angemessen schien, ließ sich dort nicht mehr aufrechterhalten – die wirtschaftliche Situation des Heiligen Stuhls verschlechterte sich zusehends, und die katastrophale Plünderung Roms durch die Landsknechte sollte 1527 ein Übriges tun.

Der junge Markgraf von Mantua lechzte in diesen Jahren nach Bewährung, Ruhm und nicht zuletzt nach einer wagemutigen, anderswo noch nicht etablierten Kunst. Federico II. Gonzaga nutzte die Chance, als der aufsteigende Stern am Himmel der Kunst, der gleichfalls erst 24jährige Giulio Romano, nach neuer Beschäftigung suchte. Leichtfertige Mitarbeit an einer pornographischen Stichserie hatte ihn bei den keineswegs mehr liberalen päpstlichen Behörden in Schwierigkeiten gebracht; ein Prozess stand ihm bevor. Doch war die Furcht vor einer Gefängnisstrafe wohl nicht so groß, dass sie allein Giulio Romano zur Umsiedlung in die Provinz bewogen hätte. Den Ausschlag gab sicherlich, dass es in Rom an Perspektiven für größere Aufträge mangelte, Federico Gonzaga hingegen ehrgeizige Pläne für den Ausbau seiner Residenz verfolgte.

Nicht zuletzt verhalf Giulio Romano seinem Herrn zu den schon lange erhofften *bizarrie,* die ihm andere Künstler nicht hatten bieten können – nie gesehenen Effekten, visuellen Scherzen und sonstigen «Merkwürdigkeiten», die den Anspruch eines verwöhnten Publikums auf intelligente, witzige und vor allem originelle Unterhaltung erfüllen sollten. Distanzierungen vom gewohnten Ernst herrscherlicher Architektur erlaubte sich Giulio Romano nicht am öffentlich sichtbaren Außenbau, sondern im Innenbereich, an Orten der intimeren Repräsentation, die dem Fürsten selbst und seinen Gästen zugänglich waren.

Schon im Vestibül ließ er steinerne Säulenschäfte scheinbar unfertig in der Bosse stehen, um so die Grenze zwischen öffentlich und privat, würdigem Auftritt und heiterer Entspannung anzudeuten. Das Nebeneinander bearbeiteter und unbearbeiteter, rauer und geglätteter Formen kehrt an den Fassaden des Hofes wieder; dort weiß Giulio Romano auch mit dem diskreten Verfremdungseffekt der fallenden Steine zu überraschen – der jedoch keineswegs den Gesamteindruck bestimmt, sondern sich erst bei genauem Hinsehen offenbart.

Die Kunstlehre der Renaissance hatte Schicklichkeit als das Kriterium definiert, nach dem sich die Wahl jeglicher Form zu richten hatte. Zweifellos strapazierte Giulio Romano diese Grundregel, aber mit der unterschiedlichen Behandlung von Innen und Außen erwies er ihr doch einen gewissen Respekt. Die kultivierte, aber nie ganz und gar ernste Atmosphäre einer exklusiven Villa prägt die inneren Raumfolgen. Deren Ausstattung scheint in erster Linie auf den Eindruck berechnet, den sie auf hochgestellte Gäste macht. Ihnen tritt der Bauherr in seinem Lusthaus als Privatmann entgegen, der keine Rücksicht auf Konventionen nehmen muss – ein raffiniertes Mittel der Rangdemonstration, das die bildliche Rechtfertigung von Herrschaft, bis dahin das Hauptmotiv in der Ausstattung fürstlicher Wohnbauten, wie selbstverständlich hinter sich lässt. *Sprezzatura,* unangestrengte Formvollendung, gewinnt hier als höfisches Verhaltensideal der Epoche greifbare Gestalt.

Ranghohe Besucher kamen nach Mantua, um den Palazzo del Te zu sehen – Kaiser Karl V. war zweimal da. Nirgends sonst in Europa konnte man größere Gegensätze in der Stimmung einzelner Räume erleben als auf dem Weg durch diesen Bau, nirgends delikatere Materialeffekte, gewagtere erotische Szenen, überraschendere Maßstabssprünge bewundern als hier. In diesem Parcours der Neuheiten markiert der Gigantensaal unzweifelhaft den Höhepunkt (Abb. 25). Wie mit einem Paukenschlag erfährt jeder, der nichtsahnend den verhältnismäßig kleinen Raum betritt, welchen Schrecken Malerei verbreiten kann. Alles, was hier gezeigt wird, scheint direkt auf den Betrachter zuzudrängen, ohne die herkömmlichen Schranken irgendwelchen Rahmenwerks. Vom Gewölbe herab stürzt Jupiter die Titanen – ungeschlachte Riesen, die in diesem Augenblick ihre Herrschaft an die Olympier verloren haben – ins Verderben. In peinigend vergrößertem Maßstab, mit schreckgeweiteten Augen und hier tatsächlich von den Trümmern ihrer einstürzenden Bauten getroffen, taumeln die Entmachteten an uns vorbei dem Tartarus entgegen.

Mythologische Malerei, man denke nur an Botticellis Bilder für die Medici, hatte bis dahin meist dem Wunschbild einer vornehmen, idealisierten Antike gehuldigt. Hier wird eine andere, weniger behagliche Dimension jener Urerzählungen sichtbar, die man bei griechischen und römischen Dichtern nachlesen konnte. Gezeigt ist nicht der Aufstieg der neuen, sondern der Untergang der alten Götterdynastie. Es dürfte kaum einen Besucher des 16. Jahrhunderts gegeben haben, der angesichts solchen Geschehens nicht spontan an die jähen Machtwechsel der Gegenwart, an die Brüchigkeit bestehender Ordnungen, an eigene Gefährdung erinnert worden wäre. Es ist das Motiv der Instabilität, das die ganze Ausstattung des Palastes zusammenbindet: Hatte man sich im Innenhof noch über die fallenden Steine gewundert, so findet dieses alarmierende Bildzeichen jetzt eine überraschende, keineswegs beruhigende Erklärung.

Die karikierenden Züge andererseits, die Giulio Romano den Opfern der Götterrevolution verliehen hat, stellen spätestens auf den zweiten Blick klar: Wer hier vom Thron gestoßen wird, ist nicht der berufene, legitime Herrscher. Zeigen doch die Fratzen der Titanen den ganzen Jammer eines Geschlechts, das dem Irrtum erlegen war, sich durch schiere Kraft und rohe Gewalt an der Macht halten zu können. Wer nicht erkennt, dass Herrschaft ohne Geist, ohne verfeinerte Sitte und Eleganz inzwischen nicht mehr akzeptabel ist, der muss sich in sein Schicksal fügen und der überlegenen Kultur neuer Souveräne weichen. Das Gelächter der vornehmen Besucher, die diese Pointe erleichtert zur Kenntnis nahmen, scheint in der *Sala de' Giganti* noch immer nachzuhallen.

Freiheit des Betrachtens

Es war der Medici-Papst Leo X., der Michelangelo seit 1519 zu seinem künstlerischen Sachwalter in Florenz machte. Die Familie hatte dort seit 1512 wieder Fuß fassen können, und umso dringlicher erschien es Leo, den Anspruch der Medici auf dauernde Präsenz, ja auf künftige Fürstenherrschaft durch neue kulturelle Initiativen zu untermauern.

Zunächst denkt der Papst an eine Fassade für die Medici-Kirche San Lorenzo, doch erscheint ihm das Vorhaben, das zur ersten architektonischen Bewährungsprobe Michelangelos werden sollte, bald nicht mehr so dringlich. Stattdessen wird Michelangelo vor die Herausforderung gestellt, als Pendant zu Brunelleschis «Alter Sakristei» eine neue Medici-Kapelle an das Querhaus von San Lorenzo anzufügen und hier alle drei Künste – Architektur, Skulptur und Malerei – zu neuer Einheit zu führen. Das Werk wird nie vollendet werden, aber Michelangelo kann, bevor er 1534 endgültig nach Rom zurückkehrt, noch mit der Aufstellung der Grabmäler für die Herzöge Lorenzo und Giuliano de'Medici beginnen. An den Seitenwänden des quadratischen Raums stehen sich die Monumente dieser ersten Medici gegenüber, die einen Fürstentitel erringen konnten (Abb. 29). An der Eingangsseite sieht Michelangelo hingegen ein Doppelgrabmal für Lorenzo *il Magnifico* und dessen Bruder Giuliano vor.

Michelangelo nutzt den Spielraum, den ihm der Papst gewährt, um die Grabkapelle als einen von Spannung erfüllten und dennoch kunstvoll im Gleichgewicht gehaltenen Dialog einander widerstrebender Kräfte zu konzipieren. Der linearen Architektur mit ihren messerscharfen Profilen stellen die gerundeten, körperlichen Volumina der Skulptur ihr eigenes Formprinzip entgegen. Die figürliche Komposition der Grabmäler betont die Mitte, die Architektur gibt den seitlichen Achsen größeres Gewicht. Selbst die inhaltliche Dimension scheint vom Konflikt zwischen Architektur und Skulptur betroffen: Erfindungen wie Kapitelle und Profile, die sich aus grimassierenden Masken zusammensetzen, führen zur emotionalen Aufladung

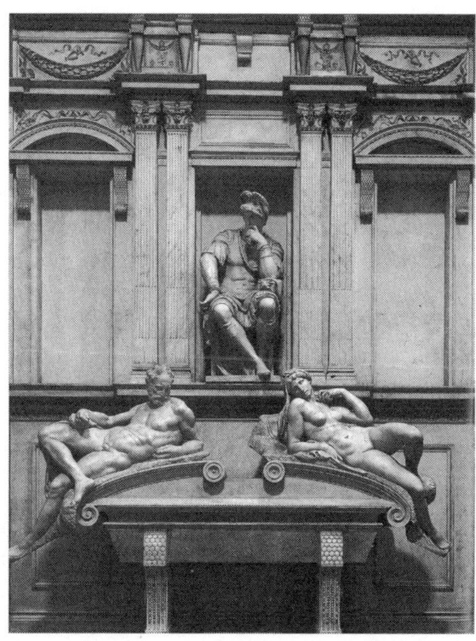

29 Michelangelo, Grabmal des Lorenzo de' Medici, 1524–34. Florenz, S. Lorenzo

des Ornaments, während die Figuren eine entgegengesetzte, durch Innehalten, Ruhe und Entrückung gekennzeichnete Ausdruckswelt verkörpern.

Unberührt zeigen sich die Medici-Monumente von überlieferten Normen der Herrscherpropaganda. Das hebt sie aus der Grabmalsproduktion der Renaissance als jene Werke hervor, die den Tod nicht in erster Linie als Anlass zum Rühmen, sondern zum Trauern nehmen. Von tiefer Melancholie sind die Statuen der Medici-Herzöge erfüllt. Imposante Brustpanzer nach antikem Vorbild deuten zwar an, dass beide sich im Krieg bewährt haben. Aber weder Lorenzo, der in verhaltenem Trauergestus das Kinn in die Hand stützt, noch Giuliano, der das Haupt demütig senkt und sich dem Altar statt dem Betrachter zuwendet, verkörpern auch nur eine Spur triumphaler Haltung. Dazu passt, dass die Statuen ohne Porträtähnlichkeit auskommen; Gewandung, Pose und Mimik erheben sie zu Idealtypen. Erfindung Michelangelos sind die allegorischen Begleitfiguren, die auf Sarkophagen ruhen, von deren gerundeten Deckeln aber fast herabzugleiten scheinen. Michelangelo selbst gab ihnen die Namen der Tageszeiten: Tag und Nacht, Morgen- und Abenddämmerung. Ohne Bezug auf Status oder Leben der Verstorbenen zu nehmen, deuten sie das Ereignis des Todes als ein Stillstehen der Zeit. Es sind vor allem diese beeindruckenden Gestalten, die dafür sorgen, dass Trauer und Reflexion von persönlichem Gedenken Abstand gewinnen und sich stattdessen auf eine universale Ebene erheben können.

Michelangelos Kunst entzieht sich beinahe schon provokant der üblichen Rhetorik des Preisens; selbst auf Inschriften verzichtet sein Entwurf. Statt, wie es den Geboten von Tradition und Theorie entsprach, das Bild erzählen und folglich mit der Dichtung wetteifern zu lassen, setzt Michelangelo neues Vertrauen in dessen Fähigkeit, sich in reinster Visualität, ohne Anspruch auf inhaltliche Unterrichtung, an den Betrachter zu wenden. Sicherlich nimmt Michelangelo mit seinem Beharren auf der Eigengesetzlichkeit der Bildschöpfung einen Verlust an Präzision und Verbindlichkeit des Gezeigten in Kauf. Doch wird dieses scheinbare Defizit durch einen ungeahnten Gewinn an Ausdruckskraft aufgewogen. Was Michelangelo in der Medici-Kapelle zum ersten Mal einfordert, ist eine Freiheit des Betrachtens, die sich an keine vorgezeichnete Deutung halten muss.

Bauen für den Glauben

Papst Paul III. aus dem Haus Farnese vertraut schon kaum mehr darauf, die Kirchenspaltung noch abwenden zu können – zumindest nicht mehr im eigenen Pontifikat, der von 1534 bis 1549 dauert. Umso wichtiger wird es ihm, ein Programm zur Erneuerung des katholischen Glaubens auf den Weg zu bringen. Im Jahr 1540 bestätigt er den Jesuitenorden. Freilich hat die junge Gemeinschaft, die sich dem Papst als effektives Instrument der Erneuerung zur Verfügung stellen möchte, unter Pauls Nachfolgern erst einmal schwere Zeiten durchzustehen. Doch kommt es 1568 zum lange geplanten Bau von Il Gesù, der römischen Hauptkirche der Jesuiten. Kardinal Alessandro Farnese, der Neffe Pauls III., finanziert nicht nur den Neubau, sondern sucht auch den Architekten aus: Jacopo Barozzi *il Vignola*, der seit Langem in Diensten der Farnese steht und 1564, nach dem Tod Michelangelos, auch die Bauleitung von Sankt Peter übernommen hat.

Mit seinen *Regeln der fünf Ordnungen von Architektur*, die 1562 erstmals im Druck erscheinen und jahrhundertelang in Gebrauch bleiben, ist Vignola als Schöpfer einer ebenso autoritären wie einfachen, theoretischen Ballast hinter sich lassenden Architekturlehre berühmt geworden. Sein Entwurf für den Gesù atmet ähnlichen Geist. Er setzt einen im Wesentlichen neuen Prototyp des Sakralbaus in Kraft, der sich durch die Verbindung eines weiträumigen, gewölbten Saals mit Vierungskuppel, flachen Querarmen und Apsis auszeichnet (Abb. 30). Damit ist ein überzeugend einfaches, die Raumwirkung vom Eingang zum Altarraum steigerndes Längsbauschema gefunden, das

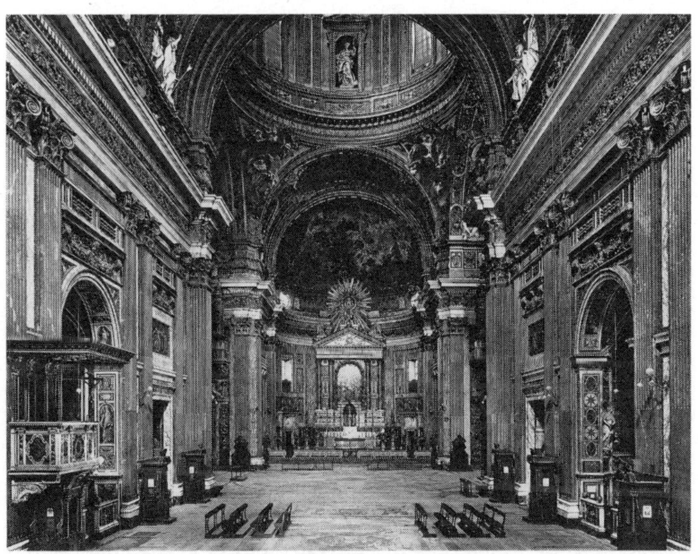

30 Vignola, Il Gesù in Rom, 1568.

künftig die katholische Sakralarchitektur Europas bestimmen wird.

In mehrfacher Hinsicht kann man Vignolas Schöpfung als Ergebnis unbefangener, ja kritischer Auseinandersetzung mit dem Kirchenbau der Renaissance verstehen – in dieser Grundhaltung ist sie durchaus der Architektur des Manierismus zuzurechnen. Die eindeutige Gerichtetheit des Raumes stellt bereits im Grundrissbild eine Antithese zum Zentralbautypus auf, der wegen seiner geringen liturgischen Tauglichkeit schon immer im Kreuzfeuer theologischer Kritik gestanden hatte. Auf eine Kuppel wollte Vignola freilich nicht verzichten – bei ihm ist sie vor allem festlicher Akzent des Außenbaus, innen unterbricht sie kaum den räumlichen Tiefenzug. Praktische Vorteile gaben den Ausschlag, auf vollgültige Seitenschiffe zu verzichten. Im Gesù werden sie durch eine Reihe selbständiger, vom Langhaus abgeschrankter Kapellen ersetzt. Vignola erreichte so eine Geschlossenheit und Kontinuität des Raumes, die auch den Laien beste Sicht auf den Hochaltar bot und die Konzentration des Kirchenvolks auf das sakrale Geschehen nicht nur ermöglichte, sondern geradezu erzwang.

Die optische Hervorhebung des Messopfers war das große Ziel, das die römische Jesuitenkirche der Architektur ihres Zeitalters vorgab. Ihm dienen die Grundrissbildung, die Zuordnung der räumlichen Komponenten und auch die Belichtung des Innenraums. Damit arbeitet der Entwurf Vignolas den architektonischen Maximen zu, die das Tridentinische Konzil – es ist 1545 eröffnet worden – verkündet: Liturgische, nicht formale Erwägungen sollen den Kirchenbau der neuen Epoche bestimmen. Aus nüchterner Zweckorientierung ein wirkungsmächtiges ästhetisches Konzept entwickelt zu haben, bleibt indessen Vignolas singuläre Leistung.

Auch die anspruchsvolle Intellektualität der jesuitischen Theologie, die neben dem Gebot sinnlicher Eindringlichkeit von Anfang an das Profil des Ordens bestimmte, findet im Gesù ihren gültigen Ausdruck. Ursprünglich gaben heller Verputz und schlichte Materialien den Ton an; chromatische Akzente setzten allein die Bilder. Die Wahl aller Bildthemen unterlag jetzt erstmals einer einheitlichen Regie. Auch private Stifter durften nicht selbst bestimmen, was in ihren Kapellen gemalt werden sollte. Auf diese Weise wurde es möglich, den räumlichen Aufbau der Kirche mit einem nicht minder klar strukturierten Bildprogramm zu begleiten. In kalkulierter Steigerung schreitet es von den irdischen über die himmlischen Offenbarungen der göttlichen Lehre zu den zentralen Themen der Christologie, Kreuzigung und Auferstehung, fort. Absichtsvoll umging dieser Zyklus übrigens die populären Marienthemen – ein Hinweis darauf, dass die auch nach heutigen Maßstäben hochmoderne, mediale Bewusstheit jesuitischer Bildpraxis keineswegs der Bestätigung religiöser Publikumserwartungen dienen sollte. Kunst war im Gegenteil als Mittel theologischer Umerziehung gedacht.

Städter auf dem Land

Neben Vignola war Andrea Palladio die dominierende Persönlichkeit unter den italienischen Architekten des späteren 16. Jahrhunderts. Nicht nur seine Bauten, mehr noch die vielgelesenen, in alle wichtigen Sprachen übersetzten *Vier Bücher über die Architektur,* die er 1570 veröffentlichte, trugen entscheidend dazu bei, dass italienische Architektur im 17. und 18. Jahrhundert auch im Norden, von England über Skandinavien bis nach Nordamerika, überragendes Renommee gewinnen konnte.

Früh war Andrea della Gondola, der sich erst als Architekt den wohlklingenden Namen Palladio zulegte, mit der intellektuellen Sphäre des Humanismus in Berührung gekommen: Der gebürtige Paduaner ließ sich 1524 in der venezianischen Provinzstadt Vicenza nieder, wo er in dem Humanisten Giangiorgio Trissino einen hochgebildeten Mäzen fand. 1541 lernte er Rom kennen und nahm sein intensives Studium der antiken Architektur auf, das er später systematisch fortsetzen und im Kontakt mit Gelehrten vertiefen konnte. Obwohl Palladio immer wieder in Venedig Fuß zu fassen suchte, blieb Vicenza sein Lebensmittelpunkt. Hier wurde er – ungewöhnlich genug für einen Architekten – Mitglied der exklusiven *Accademia Olimpica,* die sich der Förderung humanistischer Studien und des Theaters verschrieben hatte. Sein berühmtes *Teatro Olimpico* von 1580 hat Palladio für diese von lokalen Aristokraten gegründete Gesellschaft gebaut.

Erst mit über dreißig Jahren, nach fundierter handwerklicher Ausbildung, trat Palladio als selbständiger Architekt hervor. Frühwerke aus den 1540er Jahren, zum Beispiel der Palazzo Thiene in Vicenza, zeigen ihn als Bewunderer Giulio Romanos: Palladio begann als Manierist. Doch zeichnet sich in seinem Stil schon bald ein deutlicher Wandel ab, der auf vertiefte Beschäftigung mit der Antike zurückzuführen ist und sich negativ als Abgrenzung gegen die manieristische Zeitströmung, positiv als Aneignung klassischer Tradition beschreiben lässt.

Dass sich diese Hinwendung zur Geschichte keineswegs in bruchlosem Einklang mit der Gegenwart vollzog, zeigen Palladios Villen der 1550er Jahre. Erst spätere Jahrhunderte konnten in ihnen die nächstliegende, gleichsam selbstverständliche Lösung der Bauaufgabe erblicken. Ein Meisterwerk wie die Villa Foscari – genannt *Malcontenta* – in Gambarare di Mira bei Venedig, um 1558 errichtet, schloss sich weder an eine bestehende Tradition des Villenbaus an, noch musste sie auf landwirtschaftliche Bedürfnisse Rücksicht nehmen, wurde der stadtnahe Bau doch nur für kurze Aufenthalte genutzt. Palladios Entwurf zog stattdessen die Konsequenz aus sorgfältigen Antikenstudien und wurde zum Manifest jener ästhetischen Ansprüche, die man Palladios Meinung nach an das vornehme Landhaus zu stellen habe. Die scheinbar so einfache, proportional souverän abgewogene Komposition der *Malcontenta* setzt sich aus nur zwei Elementen zusammen, Hauskubus und Tempelfront (Abb. 31). Auftrumpfende Prachtentfaltung war nie Palladios Sache. Erst der zweite Blick bemerkt die Raffinessen, die sein Entwurf bereithält. Ein nur angedeuteter Rhythmus im Säulenversatz hebt diskret den Eingang hervor. Subtil ist die Behandlung der Außenhaut: Alle Wände zeigen eine weiß verputzte Scheinquaderung, Säulenschäfte und Gebälkprofile dagegen unverblendeten, minutiös verarbeiteten Sichtziegel, so dass es gerade die anspruchsvollsten Formen sind, in denen die materielle Struktur des Baus zum Vorschein kommt.

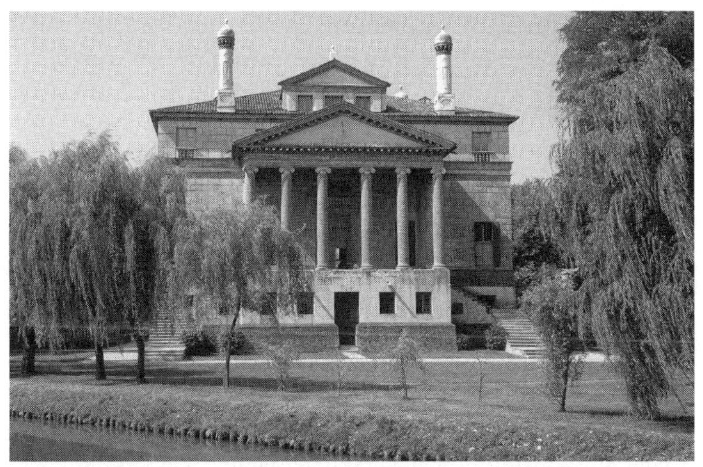

31 Andrea Palladio, Villa Malcontenta bei Gambarare di Mira, um 1558.

Erst im Verlauf des 16. Jahrhunderts hatte sich im Bewusstsein venezianischer Bauherren die *villeggiatura* – der sommerliche Rückzug des Städters auf das Land – von ihren praktischen Grundlagen emanzipiert und war zusehends zum Fluchtraum für Gebildete geworden, die in der stilisierten Muße des Landlebens ein Gegengewicht zu ihrer politisch oft bedeutungslosen Existenz suchten. Die Villenarchitektur wie die Landwirtschaft, die unverändert die ökonomische Grundlage des Villenlebens darstellte, wurden zu Gegenständen gelehrter Antikenforschung. Das bauliche Rezept, das Palladio für seine aus der Aristokratie Vicenzas und Venedigs stammende Klientel entwickelte, war subtil auf deren kulturelle Bedürfnisse und wirtschaftliche Leistungsfähigkeit abgestimmt. Palladio machte das Privileg antikisierender Villenarchitektur, das bis dahin Päpsten, Fürsten oder einer extrem reichen patrizischen Auftraggeberschicht vorbehalten war, einem größeren Kreis von Bauherren zugänglich. Die Auszeichnung seiner Villen durch Hervorhebung oder gar Vereinzelung des herrschaftlichen Wohnbereichs, durch Symmetrie der Baukörper und Grundrisse, durch klassisches Vokabular war nicht mehr an den politischen Einfluss oder sozialen

Rang der Auftraggeber gebunden; es war umgekehrt Palladios Architektur, die den Bewohnern kulturelles Prestige verlieh.

Palladios Bauten gelten dank ihrer formalen Ausrichtung auf die Antike als Muster an Klassizität und Regelhaftigkeit. In ihnen scheint sich die Antithese zum manieristischen Zeitstil zu formulieren, ja der späte Triumph einer antikegläubigen Renaissance auszuprägen. Auf gebildete Zeitgenossen muss Palladios Architektur freilich alles andere als konventionell gewirkt haben, und zwar gerade deshalb, weil sie von bestimmten Antikezitaten so häufig Gebrauch macht. So zeichnet Palladios Leitmotiv, die giebelgekrönte Tempelfront, seine venezianischen Kirchenfassaden ebenso aus wie seine Villen oder gar jenen grandiosen Entwurf für den Neubau der Rialtobrücke, für den er die Autoritäten Venedigs vergeblich zu gewinnen suchte. Weder durch Tradition noch durch theoretisches Kalkül war dieser geradezu inflationäre Einsatz des vornehmsten aller Architekturmotive zu rechtfertigen.

Noch Leon Battista Alberti hatte die Säulenfront mit geradem Gebälk allenfalls Privathäusern der «hervorragendsten Bürger» zugestanden, sofern das sakrale Motiv überhaupt in Profanbauten gehöre. Mit der Würde des Tempels dürfe es dort aber niemals wetteifern. Damit steht Alberti auf dem Boden der klassischen *Decorum*-Lehre, die stets die Angemessenheit der Form an Gattung, Ort und Anlass gefordert hatte. Palladio war offenbar bewusst, dass sich seine Architekturpraxis gefährlich weit von diesem ehernen Grundsatz klassischer Kunstlehre zu entfernen drohte. Sonst hätte er als Buchautor kaum Zuflucht in der gewagten und keineswegs zutreffenden Behauptung gesucht, schon die Alten hätten die Formen öffentlicher Architektur auf Privatbauten übertragen. Als Entwerfer scheint sich Palladio an solchen Begründungszwängen kaum aufgehalten zu haben. Stattdessen verhilft seine Architektur einer ebenso neuen wie folgenreichen Vorstellung zum Durchbruch, die sich in ihrer Lösung aus hergebrachter Tradition durchaus manieristisch nennen lässt: dass nämlich die Antike der Gegenwart einen universal gültigen Formenkanon an die Hand gebe, über den der Künstler nach eigenem Ermessen verfügen könne.

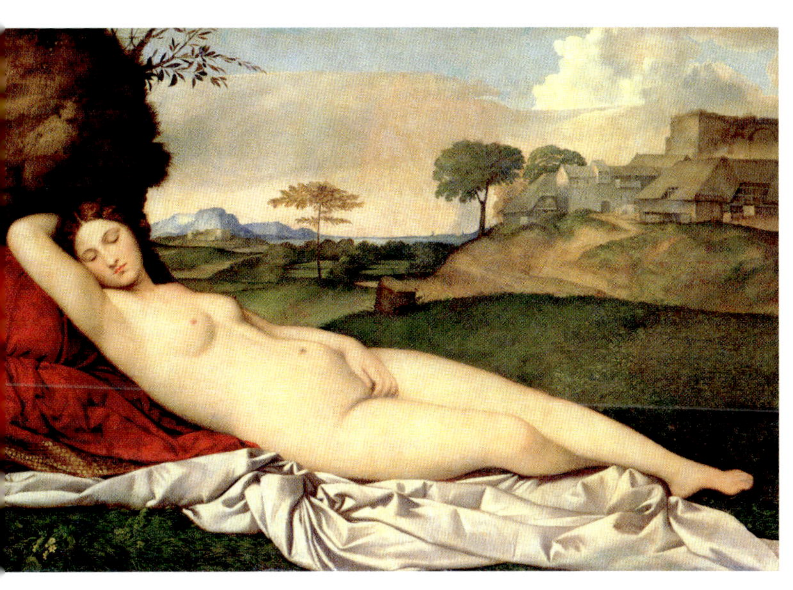

32 Giorgione, Venus, um 1508. Dresden, Gemäldegalerie

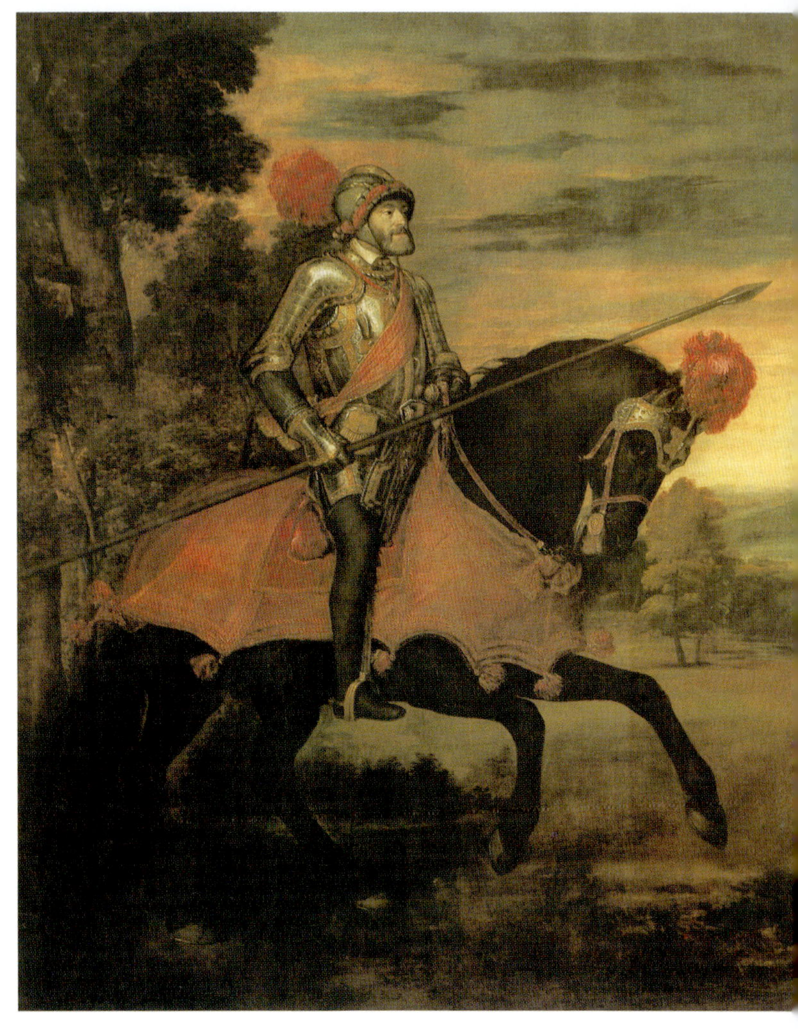

33 Tizian, Karl V. in der Schlacht von Mühlberg, 1549. Madrid, Prado

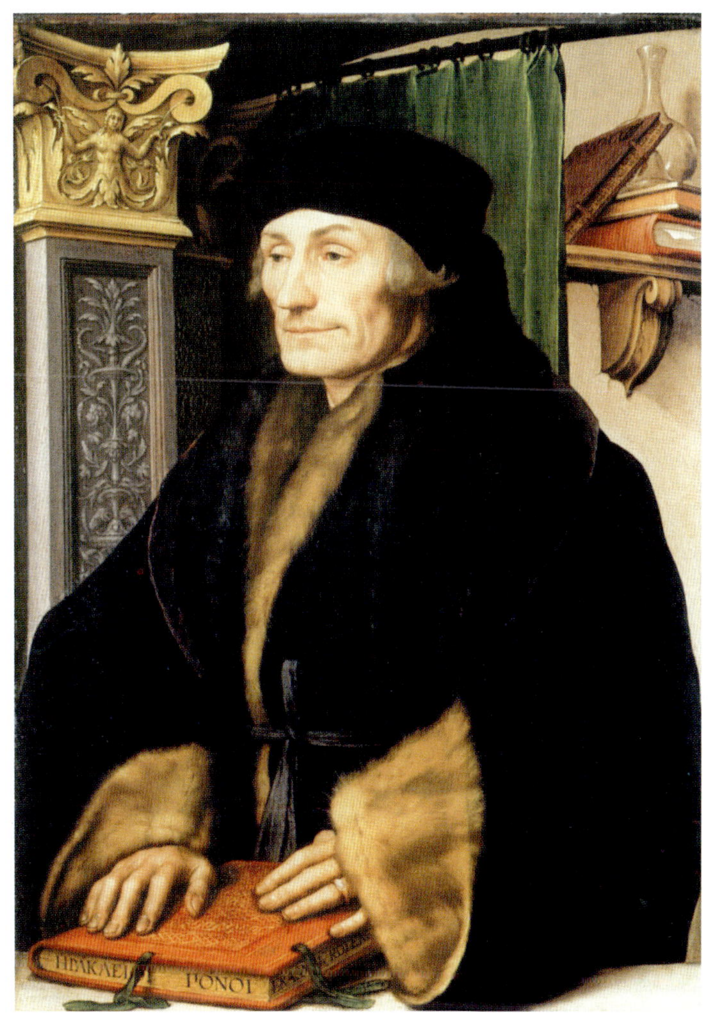

34 Hans Holbein d. J., Porträt des Erasmus von Rotterdam, 1523. London, National Gallery

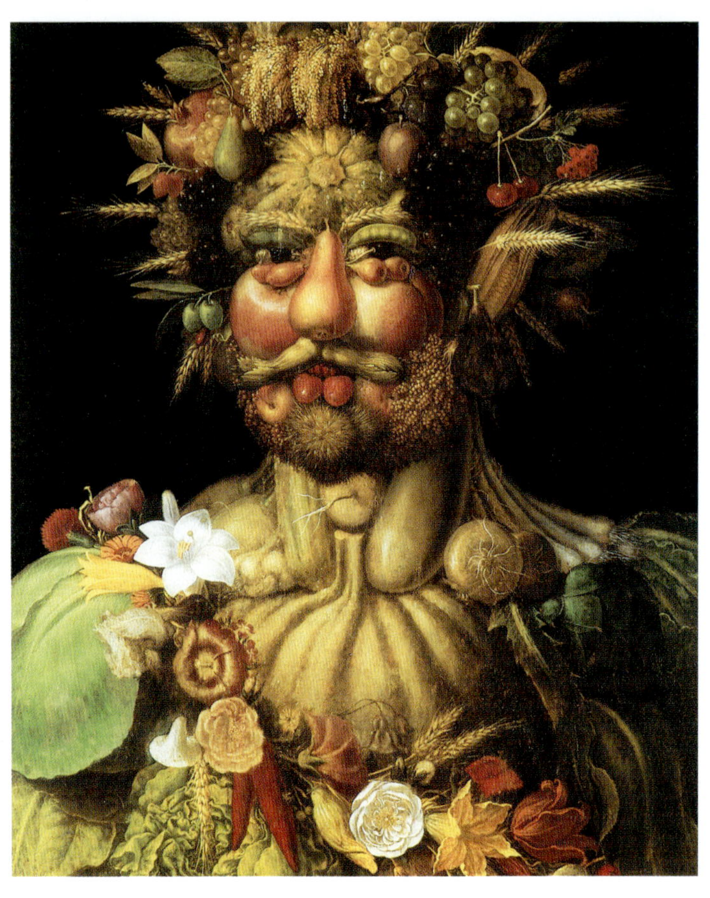

35 Giuseppe Arcimboldo, Porträt Kaiser Rudolfs II. als Vertumnus, um 1591. Stockholm, Schloss Skokloster

L'art pour l'art

Der Kult der Erfindung lässt zwangsläufig auch den Künstler noch weiter ins Rampenlicht der Aufmerksamkeit rücken als jemals zuvor. Erst nach der Mitte des 16. Jahrhunderts knüpft sich der Ruhm des Kunstwerks vornehmlich an die Persönlichkeit des Künstlers, während der Auftraggeber sich vom Privileg der Urheberschaft immer mehr ausgeschlossen sieht. Ein Jahrhundertunternehmen wie die Sammlung von Biographien, die der Florentiner Hofmaler Giorgio Vasari den Malern, Architekten und Bildhauern des Zeitalters widmet, unterstreicht eindrucksvoll den neuen Rang, den der Künstler in der Gesellschaft jetzt beanspruchen kann. Aber der stupende Aufstieg seines Berufes setzt den Künstler auch neuen Forderungen aus. Notwendiger denn je wird es, dass er sein Tun in aller Schärfe gegen handwerkliche Praxis abgrenzt. Sein Auftritt in der Öffentlichkeit muss jeden Verdacht auf eine kleinbürgerliche Existenzform zerstreuen. Und seine Kunst muss gefragt sein, nicht nur in der eigenen Umgebung, sondern am besten von großen Herren in aller Welt.

1589 nimmt der Maler Federico Zuccari, nachdem er vier Jahre in spanischem Hofdienst verbracht hat, Wohnsitz in Rom. An der Piazza Trinità dei Monti errichtet er sein prächtiges Atelier- und Wohnhaus. Zuccari gehört zu den Gründern der *Accademia di San Luca*, der ersten Kunstakademie in Rom. Sie ist nicht nur Ausbildungsstätte für den Nachwuchs, sondern dient ebenso dem theoretischen Studium und dem gelehrten Austausch der Künstler. Die Akademie tagt anfangs im Palazzo Zuccari – dem ersten Ort, an dem die Kunst sich erklärtermaßen der Betrachtung ihrer selbst verschreibt. Federicos Haus zählt insofern zu den Geburtsstätten des *l'art pour l'art.* Auf diese Nutzung scheint nun das Programm, dem der Maler die Ausstattung seines Hauses unterwirft, maßgenau abgestimmt. Malerei wird zur Mittlerin anspruchsvoller Botschaften, die stets das Thema Kunst und Künstler umkreisen. Nicht nur antike Geistesgrößen weisen dem Künstler den Weg zu Wissen und Tugend. Ein Deckenbild ist *Disegno,* der Allegorie der Zeichnung, ge-

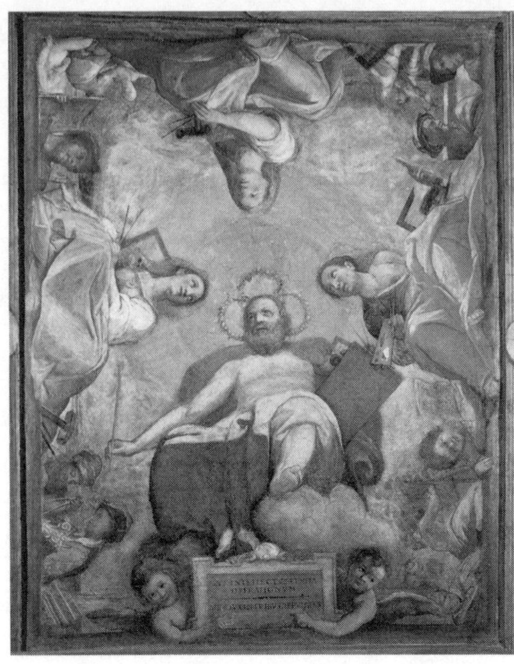

36 Federico Zuccari, Allegorie des Disegno, um 1590. Rom, Palazzo Zuccari

widmet: Man sieht einen bärtigen Greis mit dreifachem Heiligenschein, umringt von seinen Töchtern Malerei, Skulptur und Architektur (Abb. 36). Gottvatergleich blickt die Gestalt aus himmlischen Sphären herab. *Disegno* ist der Schlüssel zu Zuccaris Kunsttheorie, die er 1607 in einem umfangreichen Werk darlegen wird. Nicht allein das Zeichnen als manueller Vorgang ist gemeint, vielmehr steht das Wort für das schöpferische Prinzip, das Tätigkeit und Existenz des Künstlers bestimmt.

Der Norden der Renaissance

Der Maler als Zeuge

Italienische Zeitgenossen haben früh gesehen, wie eng sich der kulturelle Aufbruch in Florenz, Urbino oder Mantua mit jener künstlerischen Bewegung berührte, die seit etwa 1420 in den flämischen Metropolen Brügge, Gent und Antwerpen von sich reden machte. Im Italien des 15. Jahrhunderts stand Kunst aus Flandern hoch im Kurs, Patrizier wie Fürsten rissen sich um Bilder aus dem Norden – und bezahlten viel dafür. Mit dieser regen Nachfrage mag unter anderem zusammenhängen, dass flämische Meister Italien nicht nur belieferten, sondern verschiedentlich auch bereisten. Rogier van der Weyden war wohl der Erste von ihnen: Im Heiligen Jahr 1450 pilgerte er nach Rom. Nicht nur Frömmigkeit ließ ihn den Weg über die Alpen suchen, sondern auch professioneller Ehrgeiz, an dem es dem Brüsseler Stadtmaler beileibe nicht fehlte. Man weiß einiges von dieser denkwürdigen Reise: Rogier geht auch in der Fremde seiner Kunst nach – eine *Grablegung Christi* von seiner Hand ist bis heute in den Florentiner Uffizien zu bewundern –, er wird als Berühmtheit von Adresse zu Adresse weitergereicht. Ob diese Erfahrungen aber bei seiner Rückkehr großes Interesse in der Heimat wecken konnten, bleibt zweifelhaft. Auf eine Umkehrung des Informationsflusses oder gar aktive Neugier, die in den Niederlanden italienischer Kunst gegolten hätte, fehlt uns zu dieser Zeit noch jeder greifbare Hinweis.

Vorerst bleibt es also beim Kulturtransfer von Nord nach Süd, der sich in der Wanderung von Produkten, aber auch von Ideen und Fertigkeiten vollzieht. Künstler, Auftraggeber und Sammler machen sich zu den Trägern dieses Prozesses. Die Medici, als Bankiers und Kaufleute mit den Niederlanden seit Langem vertraut, kaufen Rogiers *Grablegung* und setzen damit eine regelrechte Flandernmode unter heimischen Künstlern in

Gang. Man bewundert bestimmte technische Errungenschaften der Niederländer: Anders als die deckende Temperamalerei, wie sie in Italien von alters her in Gebrauch ist, führt die nördliche Lasurtechnik zu glänzenden Bildoberflächen, erlaubt begehrte Effekte wie Spiegelungen und Lichtreflexe. All das versucht man nachzuahmen, vorerst freilich nur mit den eigenen, kaum geeigneten Produkten und Methoden. Noch größeren Eindruck erzielt die unerhört genaue Beobachtungsgabe flämischer Maler. Man bemüht sich auch hier gleichzuziehen – mit einigem Erfolg, wie Piero della Francesca in seinem Porträt des Federico da Montefeltro so eindrucksvoll zeigt (Abb. 10).

Es ist vor allem der Beitrag Jan van Eycks, der die frühe Malerei der Niederlande dem künstlerischen Aufbruch in Italien gleichrangig zur Seite stellt. Nicht weniger als Brunelleschi, Fra Angelico oder Masaccio zählt van Eyck unter die Gründerväter der Renaissance, ja macht deren europäische Dimension bereits in ihren Anfängen bewusst. Zweifellos ging van Eycks Wirken von anderen Quellen aus als die zeitgenössische Kunst Italiens. Ihm fehlte der kulturelle Rückbezug auf die Antike. Umso entschiedener bringt seine Kunst jene Ziele zum Ausdruck, die jenseits wie diesseits der Alpen den Anbruch eines neuen Zeitalters der Künste verkünden: Aneignung von Wirklichkeit, Anspruch auf Neubeginn und Befreiung aus unbefragter Tradition.

Giovanni Arnolfini, ein Handelsvertreter aus Lucca, muss während seines Aufenthalts in Brügge ein sensibles Gespür für die Qualität dortiger Kunst entwickelt haben. Denn als er 1434 mit Giovanna Cenami Hochzeit feiert, lässt er sich und seine junge Frau von Jan van Eyck im frisch bezogenen Brautzimmer malen (Abb. 28). Der Künstler bekleidet als Kammerherr Herzog Philipps des Guten von Burgund eine gehobene Stellung, hat aber seinen Wohnsitz kürzlich nach Brügge verlegt, wo das wirtschaftliche Herz Flanderns schlägt. Hier kann er auch für wohlhabende Privatleute tätig werden, um deren Bedarf an Porträts und Andachtsbildern zu stillen.

Mit dem Doppelbildnis des toskanischen Brautpaars gelingt van Eyck ein kapitales Manifest nicht nur des eigenen Könnens, sondern zugleich der Bildkultur, die ihn und seine Zeit prägt.

Wie sich die jungen Leute seinem Blick stellen, wirken sie ernst und distanziert, vielleicht sogar ein wenig ängstlich. Jedenfalls scheinen sie weniger um natürliche Ausstrahlung besorgt als vielmehr darum, den ersten Auftritt als Ehepaar mit Würde zu absolvieren. Dazu passt das Hündchen im Vordergrund, Symbol für die Treue, die sich beide soeben versprechen. Was das Bild aber zutiefst prägt, es von allem vorgängigen Realismus unterscheidet – wie ihn etwa die frankoflämische Schule seit Längerem kennt – und zu einem kulturellen Zeugnis ersten Ranges macht, ist das räumliche Umfeld, das van Eyck mit unermüdlicher Akribie erfasst und den Brautleuten präzise zuordnet. Der Lichteinfall durch das geöffnete Fenster, das Bett mit seiner kostbaren Draperie, die eilig abgestreiften Holzpantinen, der schimmernde Kronleuchter oder der gewölbte Spiegel – all das ist für den Maler nicht bloß anekdotisches Beiwerk, sondern unverzichtbarer Kommentar zu den gemalten Figuren. Für van Eyck gilt es, nicht das Bild des Menschen allein, sondern auch dessen dingliche und soziale Lebenswelt verlässlich einzufangen. Insofern verfährt er umgekehrt wie Piero della Francesca, der die Büste des Herzogs von Urbino so weit wie möglich vom Landschaftspanorama des Hintergrunds abrückt, um die majestätische Wirkung des Porträts zu steigern. Aber van Eyck schreibt in sein Bildnis bei Weitem keine geringere Fülle von Mitteilungen ein. Im Gegenteil: Es ist gerade die unverwechselbare Situation, die uns das Brautbild bis heute unter die Inkunabeln der Renaissancekunst zählen lässt.

Die Raumdarstellung der *Arnolfini-Hochzeit* wurde eingehend untersucht. Nur so ließ sich ermitteln, dass van Eyck keine konstruierte Perspektive im Sinne Brunelleschis anwandte, sondern die so überzeugende Darstellung von Tiefenräumlichkeit allein aus Erfahrung und malerischem Können zustande brachte. Im sichtbaren Ergebnis macht das zwar kaum einen Unterschied. Aber was ein nördlicher Maler wie van Eyck mit seinen Bildräumen zeigen will, unterscheidet ihn doch grundsätzlich von den Absichten italienischer Zeitgenossen. «Johannes van Eyck fuit hic» – «Jan van Eyck war hier», signiert der Meister das Bild auf der Wandfläche oberhalb des Spiegels. Authentische Zeugenschaft – das ist offenbar der Anspruch, den der Maler mit seinem Werk verbindet. Van Eyck war tatsächlich in dem Raum, den er uns zeigt, und verbürgt uns mit der Signatur die Wahrheit seiner Erscheinung im Bild. Doch einen Schritt weiter zu gehen, die Gesetzmäßigkeit des eigenen Tuns zu erforschen und ein revolutionäres Gemälde wie die *Arnolfini-Hochzeit* nicht nur als Resultat eigenen Könnens zu begreifen, sondern als Möglichkeit von Erkenntnis, liegt außerhalb seines Ehrgeizes. Der Weg von der Praxis zur Theorie, vom Malen zur Wissenschaft wird nicht in Flandern, sondern vorerst nur in Italien beschritten.

Der forschende Künstler

Albrecht Dürer ist mit niederländischer Bildkultur ganz selbstverständlich aufgewachsen. Wie in anderen deutschen Künstlerwerkstätten auch, so gehörte die Kenntnis westeuropäischer Spätgotik im Atelier seines Lehrers Michael Wohlgemut einfach dazu. Doch genügte das, was man bei einem Nürnberger Meister lernen konnte, einem Talent wie Dürer bei Weitem nicht. Mit 18 Jahren vom Vater auf Gesellenreise an den Oberrhein geschickt, blieb er von 1490 bis 1494 fort, um in Colmar, Basel und Straßburg dazuzulernen. Fasziniert setzt er sich mit den technischen und künstlerischen Möglichkeiten der Druckgraphik sowie mit der Welt des Buches auseinander, die ihm in der Verlagsstadt Basel begegnet. Ehrgeizige Illustrationsprojekte und vervielfältigte Bilderfolgen, mit unternehmerischer Weitsicht für einen neuen Markt produziert, werden schon bald im Mittelpunkt von Dürers Ambitionen stehen: Die *Apokalypse* von 1498 setzt den Anfang, das *Marienleben* – 1502 begonnen und zunächst ohne begleitenden Text herausgegeben, was hellsichtiges Vertrauen in die Nachfrage nach gedruckten Bildern beweist – markiert den nächsten Schritt. Aber nicht nur der fachliche Ertrag der Gesellenreise verdient Beachtung. Es scheint, als habe schon die erste Bewährung in den oberrheinischen Metropolen jenen Anspruch auf Welterfahrung begründet, der Dürer unter all seinen Zeitgenossen auszeichnete und in seinem Werk unverkennbare Spuren hinterließ.

Das zentrale Bildungserlebnis in Dürers Laufbahn hieß Venedig. Er war schon 1494 für einige Monate dort gewesen, in Nürnberg hatte es ihn nach der Rückkehr vom Rhein nicht lange gehalten. Von dieser ersten Erkundung des Südens wissen wir zwar sehr viel weniger als von der zweiten Venedigfahrt, die von 1505 bis 1507 dauern wird; eine Reihe berückend schöner Landschaftsaquarelle, die Dürer in den Alpen malte, dokumentiert vor allem den zurückgelegten Weg. Doch muss schon der Italienneuling Dürer vom selbstbewussten Auftritt der dortigen Künstler, von deren professionellem Stolz und gesellschaftlicher Stellung einen tiefen Eindruck davongetragen haben. Dass er bald die noch ungewohnte Pose des Renaissancekünstlers Schritt für Schritt an sich selbst erproben will, dafür stehen vor allem die beiden Selbstbildnisse, die er einige Jahre nach der Rückkehr in kurzem Abstand malt. Zeigt ihn das erste – heute in der Sammlung des Prado zu Madrid – in bunter, ausgesucht eleganter Kleidung vor einem Fenster sitzend, das einen weiten Landschaftsblick freigibt, so meldet das zweite in seinem dunklen Kolorit, seiner tiefernsten Stimmung und seiner forcierten Christusähnlichkeit (Abb. 1) einen nicht mehr nur sozialen Anspruch an. Dürer reklamiert hier mit neuem, für seine Zeit einzigartigem Selbstbewusstsein das Schöpferprivileg des Künstlers, und er gibt in der kalkulierten Geometrie des Bildentwurfs Auskunft über den intellektuellen Anspruch seines Tuns.

In Nürnberg sucht Dürer die Freundschaft gebildeter Männer, auch darin dem Vorbild italienischer Künstler folgend. Der Humanist und Ratsherr Willibald Pirckheimer wird zu seinem wichtigsten Vertrauten; ihm schreibt er regelmäßig von den Erfahrungen, die ihm die zweite Venedigreise beschert. Ohne diese intensive Berührung mit der Sphäre der Gelehrten wäre ein Werk wie der große Kupferstich der *Nemesis* von 1501 wohl kaum entstanden (Abb. 37). Dürer zeigt die Göttin, die in der antiken Mythologie Lohn und Strafe zuteilt, als nackte Frau von mächtiger Leiblichkeit. Erstaunlich souverän balanciert sie auf einer Kugel, dem alten Glückssymbol. Unter ihr, durch ein raffiniert gekräuseltes Wolkenband von der himmlischen Sphäre getrennt, breitet sich eine Berglandschaft von grandioser Weiträumigkeit aus. In der zusammengedrängten Siedlung, deren spitze Silhouette sich in eine Flussbiegung schmiegt, hat man ein detailscharfes Porträt von Klausen im Eisacktal erkannt, wo Dürer auf der Rückreise von Venedig vorbeigekommen war. Doch ist hier nicht das Südtiroler Dorf als solches gemeint, sondern ein Bild der Welt entworfen – in Gestalt jener Region, wo sich italienische und deutsche Kultur seit alters her kreuzten.

Der kostbare Deckelpokal, den die Schreitende mit spitzen Fingern von sich streckt, könnte aus einer Nürnberger Goldschmiedewerkstatt stammen, wie sie Dürers Vater in der Burgstraße betrieben hatte. Offenbar hält das Gefäß jenen Vorrat an zweifelhaften Gaben unter Verschluss, den die undurchschaubare, von alters her gefürchtete Glücks- und Rachegöttin über die Menschen zu streuen pflegt. Nachdem er sich selbst kurz zuvor in strenger Frontalität dargestellt hat, gibt Dürer diese Frauengestalt im reinen Profil, als wolle er in einer Reihe aufeinanderfolgender, repräsentativer Werke Rechenchaft über jene Proportions- und Körperstudien ablegen, denen er sich seit Kurzem mit Nachdruck verschrieben hat. Von der verführerischen Schönheit jener Nackten, die venezianische Maler – allen voran Giorgione und Tizian – gern in lockenden Ruheposen darstellen (Abb. 32), trennen Dürers Matrone zwar Welten. Sein Blick auf den weiblichen Körper ist frei von erotischen Untertönen, zumindest in diesem Bild. Hingegen scheint es sein Ehrgeiz gewesen zu sein, den anmutigen Frauengestalten Italiens ein definitiv nördliches, schweres, ja heroisches Körperideal zur Seite zu stellen.

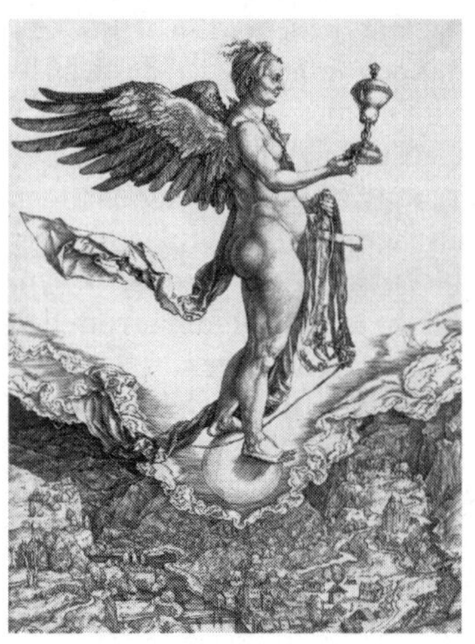

37 Albrecht Dürer, Nemesis, Kupferstich, 1501.

Eine Bildtradition der Nemesis existierte vor Dürer nicht. So war der Künstler darauf angewiesen, sich anhand antiker und zeitgenössischer Schriften sein eigenes Bild von der seit jeher widersprüchlich beschriebenen Göttin zu machen. Dürers Stich ist also weniger Verbildlichung gesicherten Wissens als vielmehr ein Beitrag zur mythologischen Wissenschaft in bildlicher Form. Dieser Anspruch wird deutlich, wenn man Polizians Gedicht *Manto*, Dürers wichtigste Quelle, mit dem Resultat auf dem Kupferstich vergleicht. Zwar gibt der Text die Vorstellung einer schwebenden Frauengestalt so unmissverständlich vor, dass man an seiner Verwertung durch Dürer kaum zweifeln kann; aber umso deutlicher hebt der Vergleich zwischen Dichtung und Bild die eigene, keineswegs nur illustrativ zu verstehende Erfindungsleistung des Künstlers hervor: Erst bei Dürer ist die Göttin nackt, trägt ein Gefäß, dreht im Schreiten eine Kugel. Erst bei ihm gesellt sich dem Himmel die Erde zu, sodass die göttliche Macht über den Menschen auch eindrücklich Gestalt gewinnen kann.

Dass es Dürer war, der als erster Künstler im Norden für das neue Erkenntnispotential der Künste eintrat, ihren Beitrag zum Wissen der Gegenwart Schritt für Schritt auslotete und so die Renaissance im ganzen Umfang ihrer Möglichkeiten nach Europa brachte: davon legen die Forschungen, denen er sich im Alter immer beharrlicher widmete, das beredteste Zeugnis ab. Seine Werkstatt muss in den unruhigen Jahren der Reformation – Nürnberg bekannte sich seit 1524 zu ihr – einer Gelehrtenstube geglichen haben, und sie war tatsächlich kaum mehr produktives Atelier. Immer weniger Bilder verließen das Haus am Tiergärtnertor. Ausnahme waren die beiden großen, durch ihre monumentale Figurenschilderung herausragenden Aposteltafeln, die der Meister aus eigenem Antrieb 1526 dem Rat der Stadt stiftete und die er – bekräftigt durch Inschriften nach der Lutherbibel – als Mahnung an die Obrigkeit zu maßvollem Handeln verstanden wissen wollte. Als Gelehrter hat Dürer die Öffentlichkeit erst spät gesucht. 1525 erschien die *Underweysung der Messung*, 1527 die Befestigungslehre *(Etliche underricht zu befestigung der Stedt, Schlosz, und flecken)*. Das Hauptwerk, die *Vier Bücher von menschlicher Proportion,* konnte Dürers Witwe erst nach dem Tod ihres Mannes aus dem Nachlass publizieren.

Die frierenden Künste

Dürers Wirkung auf die Kunst des Nordens – und auch des Südens, wo man ihn als Meister der Graphik früh kannte und bewunderte – kann nicht hoch genug eingeschätzt werden. Hans Baldung Grien und Hans Schäufelein gehörten zu seinen Schülern, für Lucas Cranach war Dürers Kunst der Prüfstein des eigenen Schaffens.

Auch Hans Holbein der Jüngere, der sich als junger Maler 1515 in Basel niederließ, sah in Dürer sein wichtigstes Vorbild. Nicht nur in der großen Bandbreite seiner künstlerischen Interessen eiferte er ihm nach, sondern auch in seinem unstillbaren Bildungsdrang. Schon in den ersten Basler Jahren nahm er Lateinunterricht – wohl um die Stunden zu bezahlen, kritzelte er höchst unterhaltsame Randzeichnungen in das Exemplar von Erasmus' *Lob der Torheit,* das sein Lehrer ihm geliehen hatte. 1523 saß der berühmte Gelehrte dann dem mittlerweile arrivierten Maler Modell für zwei Porträts, die seine feinen, von Skepsis gezeichneten Gesichtszüge lebendig festhalten. Eines der Bilder zeigt ihn in der repräsentativen Umgebung einer Renaissancestube, wie sie Erasmus sicher nicht zur Verfügung stand (Abb. 34). Vergleichbares war in Basel überhaupt noch nirgends gebaut, sondern konnte und sollte als Erfindung Holbeins gelten. Hatte der Maler doch mit prachtvollen Fassadendekorationen, etwa für das *Haus zum Tanz,* der neuen Formenwelt italienischer Baukunst auch in den Straßen Basels schon zu eindrucksvoller Präsenz verholfen.

Die Verbindung zu Erasmus zahlt sich aus, als Holbein 1526 nach Arbeitsmöglichkeiten in der Fremde Ausschau hält. Basel steht die Einführung der Reformation bevor. Wenn Erasmus in dieser Lage Holbein nach Antwerpen empfiehlt und in seinem Begleitschreiben von den «frierenden Künsten» spricht, die den Künstler im Ausland Zuflucht suchen lassen, dann klingt ernste Sorge um die Zukunft der Kultur in unruhigen Zeiten an. Holbein reist von Flandern nach England weiter, wo ihm Erasmus erneut die Wege ebnen kann – zählt er doch Thomas Morus, damals Sprecher des Unterhauses, zu seinen engen Freunden. Zwar kehrt Holbein 1528 noch einmal für einige Jahre nach Basel zurück. Aber für Künstler seines Ranges gibt es in der mittlerweile protestantisch gewordenen Stadt kaum mehr etwas zu tun. So ist es wohl weniger Wanderlust als beruflicher Zwang, der ihn 1532 endgültig nach London übersiedeln lässt. Als Hofmaler Heinrichs VIII. steht ihm dort eine zweite Karriere bevor, noch weitaus glänzender, als er sie auf dem Kontinent schon durchlaufen hat.

Renaissance und Bekenntnis

Renaissance und Reformation – die beiden großen geistigen Umwälzungen der beginnenden Neuzeit waren zwar eng miteinander verwoben, aber sie vertrugen sich vielerorts nicht gut. Im Europa des 16. Jahrhunderts lässt sich beobachten, wie sehr weite Bereiche der Renaissancekultur – vom Humanismus bis zur Baukunst – durch die Glaubensspaltung unter Druck geraten. Ernsthaft betroffen sind die Bildenden Künste. Gewiss, katholische Fürsten setzen weiterhin auf die Option der Renaissance – so eng, wie sie in Überlieferung und Gegenwart mit Rom verbunden ist. Umgekehrt lässt sich die Grenze nicht so leicht ziehen. Eine reformierte Stadt wie Basel, wir haben es gesehen, macht ihrem begabtesten Künstler das Überleben schwer: nicht unbedingt deshalb, weil man Renaissancekunst, wie Holbein sie vertritt, unter besonderen Verdacht stellt, sondern weil die Reformation eine generelle Bilderskepsis nach sich zieht. Ähnlich ergeht es Nürnberg, wo sich die glanzvolle Kunstkon junktur der Dürerzeit nach der Reformation nicht mehr aufrechterhalten lässt.

Daneben gibt es aber protestantische Autoritäten, die auf das kulturelle Prestige und die legitimierende Kraft der Renaissancekunst durchaus nicht verzichten wollen. Eine Reihe deutscher Fürsten etwa findet nichts dabei, katholische Künstler zu beschäftigen oder sogar aus Italien an ihre Höfe zu engagieren –

auch wenn sie sich selbst längst auf die evangelische Seite geschlagen haben. Dass solche Trennung von Kunst und Bekenntnis überhaupt möglich war, wirft ein bezeichnendes Licht auf die Renaissance als eine Kultur, die sich nie ganz vereinnahmen ließ – weder für die eine noch für die andere Seite.

Welche Schwierigkeiten freilich ein Projekt bereiten konnte, das dazu bestimmt war, protestantische Glaubenstreue mit italienischer Pracht zu vereinen, zeigt die Gruft der sächsischen Kurfürsten im Freiberger Dom. 1553, nach dem Tod des Kurfürsten Moritz, wird zuerst dessen Grabmal in Auftrag gegeben: eine wuchtige, gestufte Tumba aus schwarzem und gelbem Marmor, die zwischen Lettner und Chor in der Mittelachse der Kirche Aufstellung findet (Abb. 38). Das Monument ist Ergebnis unternehmerischer Arbeitsteilung. Den Entwurf liefern die Brüder Benedetto und Gabriele de Thola aus Brescia, ein Dresdner Schreiner baut das Holzmodell, die Ausführung wird zunächst nach Lübeck, von dort in Kommission an Anthoen van Zerroen in Antwerpen vergeben, der seinerseits den Marmor aus Dinant bezieht. 1562 gelangen die Einzelteile per Schiff nach Sachsen und werden an Ort und Stelle montiert.

Zeugnis eines neuen, protestantischen Verständnisses der Aufgabe «Fürstengrabmal» ist vor allem die ungewohnte Rollenverteilung zwischen Bild und Wort. Wie in der Glaubensverkündigung der Lutheraner, so tritt auch im Monument des Kurfürsten sinnliche Ansprache hinter textliche Belehrung zurück. Mit zwölf weiblichen Personifikationen der Wissenschaften und Künste und vierundzwanzig wappentragenden Kriegern weist das Monument zwar eine stattliche Zahl von Skulpturen auf, aber deren Format ist so weit geschrumpft, dass sie den Gesamteindruck lediglich am Rande mitbestimmen. Um so größeren Raum beanspruchen die gerahmten, auf zwei Register verteilten Inschriften, die – von Dresdner Hofhumanisten verfasst – in goldenen Lettern die Verdienste des Verstorbenen um Kaiser, Reich und Glauben preisen. Erst das Fundament der Texte, so scheint es, rechtfertigte die bildliche Präsenz des Kurfürsten, dessen lebensgroße Porträtstatue den Aufbau krönt. Mit geschultertem Schwert auf die Knie fallend, tritt Moritz von Sachsen

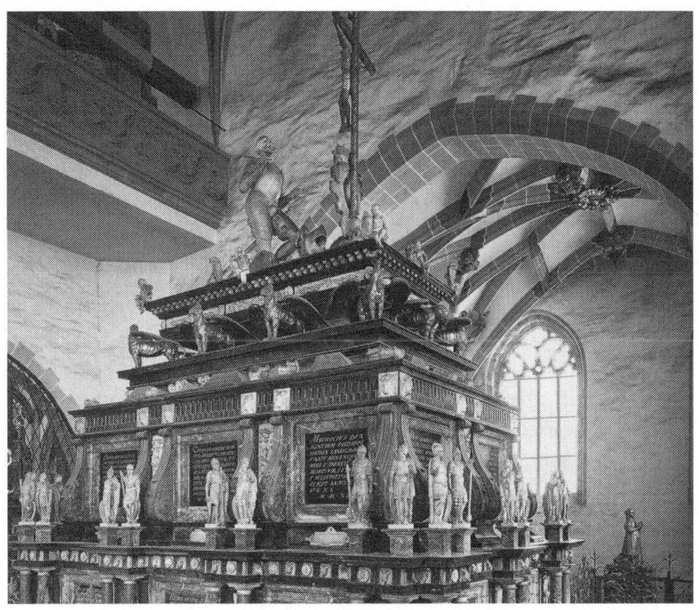

38 Benedetto und Gabriele de Thola und
Anthoen van Zerroen, Grabmal des Moritz von Sachsen (Ausschnitt), 1553–62. Freiberg, Dom

als christlicher Ritter auf – eine Beschönigung der widersprüchlichen Rolle, die er zunächst als Bundesgenosse Karls V. im Schmalkaldischen Krieg, später als Haupt der Fürstenverschwörung gegen den Kaiser gespielt hatte. Um Verwechslungen mit dem katholischen Motiv der sakramentalen Andacht zu entgehen, war man immerhin so vorsichtig, noch während der Montage der Statue einen Kruzifix als konkretes Objekt der Verehrung hinzuzufügen.

Die Kunst der Könige

Traumfabrik Fontainebleau

Kein europäischer Herrscher des 16. Jahrhunderts hat sich so energisch für die Aneignung der Renaissancekultur eingesetzt wie König Franz I. Es fällt nicht schwer, die Italienbesessenheit des französischen Königs aus seiner Biographie zu erklären. Franz I. war humanistisch erzogen worden, sprach fließend italienisch und stand in seiner Bildung den Renaissancefürsten des Südens keineswegs nach. Sein außenpolitischer Ehrgeiz konzentrierte sich während der drei Jahrzehnte seiner Regierung fast ganz auf Italien. In immer neuen Feldzügen versuchte Franz in den Besitz von Mailand und Neapel zu gelangen, ging Bündnisse mit den Päpsten ein und verlegte die Auseinandersetzung mit seinem Widersacher, Kaiser Karl V., auf italienische Schlachtfelder. Schon den Zeitgenossen schien das militärische Engagement des Königs unvernünftig, und in der Tat mündeten die Feldzüge des Souveräns in ein katastrophales Scheitern seiner Politik: Auf die verlorene Schlacht von Pavia folgte die Blamage, in kaiserliche Gefangenschaft zu geraten.

Den Niederlagen Franz' I. stand ein desto glänzenderer Triumph als Mäzen der Künste gegenüber. Durch das umfassende Reformprogramm, in das all seine Aufträge eingebunden waren und das auch die akademischen Institutionen des Landes betraf, wurde Frankreich zur führenden Instanz der europäischen Kultur. Humanistischen Maximen folgend, sah Franz den Anspruch auf Herrschaft stets durch Bildung begründet. Seine Schlossbauten, seine Kunstsammlung und seine Bibliothek konnten so als Dokumente eines kontinentalen Führungsanspruchs gelten – unabhängig von militärischen Debakeln und politischen Misserfolgen, ja in eigensinniger Opposition dazu.

Trotz aller Liebe, die ihn mit Italien verband: Die Kunst Franz' I. sollte von Anfang an französisch sein. Dieses Ziel ließ sich nur erreichen, wenn die bruchlose Verschmelzung der Renaissance mit eigener, französischer Tradition gelang – der Anspruch des Königs war die Neuerfindung eines Stils. Doch ergab sich daraus ein ernstes Dilemma: Französische Künstler, die seinen hohen Erwartungen gerecht werden konnten, standen ihm nicht zur Verfügung. Und Italiener, die der Souverän in großer Zahl an seinen Hof verpflichtete – die Einladung an Leonardo da Vinci war nur die Ouvertüre –, boten nicht immer die Gewähr, sich die Ziele ihres Herrn wirklich zu eigen zu machen.

Benvenuto Cellini zum Beispiel, den Franz als den fähigsten Goldschmied weit und breit nach Frankreich holte, bewies mit seinem Wunsch, als Bildhauer zu reüssieren, unpassenden Eigensinn. Nach fünf Jahren musste er wieder gehen. Immerhin hinterließ er am französischen Hof das anspruchsvollste Juwelierstück des Zeitalters: eine Arbeit, die sich auf den ersten Blick wie ein freies Figurenensemble auf ovalem Sockel ausnimmt, ihrer praktischen Funktion nach aber ein Tafelgerät zur Aufbewahrung von Salz und Pfeffer war (Abb. 39). Als Salzfass diente ein Schiff, als Pfefferdose ein Triumphbogen. Gemeinsam mit allerlei emblematischen Fingerzeigen, die Cellini verschwenderisch in die Bodenfläche einstreute, verherrlichen beide Motive die vollkommene Regierung des Königs zu Wasser und zu Land. Dazu passen Tellus und Neptun, Personifikationen der Erde und des Meeres, die zugleich auf die natürliche Herkunft der Gewürze hinweisen. Unnachahmlich elegant auf dem Sockel balancierend, konnten die Götterstatuetten als Griffe benutzt werden; rotierende Holzkugeln in der Bodenplatte erleichterten zudem das Kursieren der Preziose auf der königlichen Tafel.

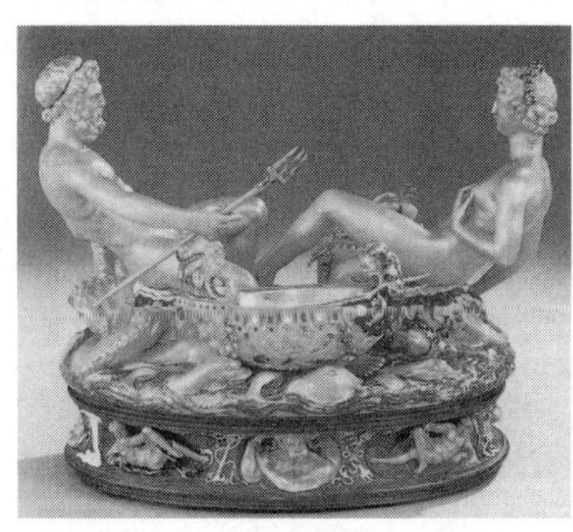

39 Benvenuto Cellini, Salzfass für Franz I., 1540–43. Wien, Kunsthistorisches Museum

Seit 1527, Franz war eben aus spanischer Gefangenschaft zurückgekehrt, wird Fontainebleau in der Nähe von Paris sein ständiger Wohnsitz. Der König lässt das vorhandene Schloss lediglich umbauen, will die überlieferte Architektur als sichtbaren Träger königlicher Tradition erhalten. Für den Innenbau jedoch erfindet er eine neue Welt. Italienische Künstler werden damit betraut, Wohngemächer und Säle in ein Traumreich der Renaissance zu verwandeln. Kostbarster Raum wird die *Grande Galerie*. Man betritt sie über das königliche Schlafzimmer, und den Schlüssel zu ihr trägt der König stets bei sich. Rosso Fiorentino leitet Entwurf und Ausführung der Dekoration.

Sein wichtigstes Vorbild findet das prachtvolle Ensemble im Mantuaner Palazzo del Te. Aber schon das langgestreckte Format der Galerie, ihre nicht auf Verweilen, sondern auf müßiges Umherschlendern angelegte Raumkonzeption sind unverkennbar französischen Ursprungs, setzen sie doch ältere Baumuster fort. Und, noch wichtiger: im Unterschied zu italienischen Prachträumen mit ihren ausgedehnten Putz- und Steinflächen wählt man in Fontainebleau Holz als dominierendes Material. Parkett, Kassettendecke und Boiserien bestimmen den goldenen Farbakkord des Raums und sorgen auch für physische Wärme im feuchten Klima der Île-de-France. Doch nicht nur Holzarbeiten, auch Wandmalerei, gerahmte Bilder, Steininkrustationen und Stuckreliefs – all diese Materialien und Techniken weiß Rosso zu nutzen, um in der *Grande Galerie* ein ebenso reiches wie rätselhaftes Dekorationsprogramm in Szene zu setzen. Wirkungsmoment der bildlichen Ausstattung ist die Überraschung des Betrachters – ein Prinzip, das man aus Mantua kennt, das sich hier jedoch dank äußerster formaler und gedanklicher Konzentration zum planmäßigen Verwirrspiel steigert.

Zum europäischen Zentrum des Manierismus, zur «Schule von Fontainebleau», wird die königliche Traumfabrik freilich erst dank der Berufung Primaticcios. Im Jahr 1532 kann Franz I. das vielversprechende Talent aus den Mantuaner Hofwerkstätten abwerben. Noch keine 30 Jahre alt, hat sich der gebürtige Bolognese als Antikenkenner und Kunstagent, Maler und Bildhauer schon erste Sporen verdient. Lieber hätte der König an seiner Stelle zwar gleich Giulio Romano, den Kunstintendanten der Gonzaga, verpflichtet. Doch Primaticcio weiß, was er wert ist. Nur zu Anfang steht der Jüngere im Schatten von Rosso Fiorentino. Nach dessen Tod rückt er prompt in die Leitung der Hofwerkstätten auf, erhält Zugang zu Pfründen und Ämtern: Aus Primaticcio wird Primatice – ein Künstler, der offenbar nicht nur durch sein Können zu überzeugen versteht, sondern auch die Klaviatur der Diplomatie souverän beherrscht. Andernfalls wäre es ihm kaum gelungen, sich die kommunikativen Codes einer ihm fremden Gesellschaft und Kultur so vollständig zu eigen zu machen, dass er alle Intrigen überlebt und sich auf Lebenszeit (er stirbt 1570 mit Ehren überhäuft) in Diensten der französischen Könige behaupten kann.

Vor allem Zeichnungen und Drucke dokumentieren heute Primaticcios Wirken in Fontainebleau. Sein Hauptwerk, die *Galerie d'Ulysse*, ist seit Langem zerstört. Offenbar war es der durchschlagende Erfolg der ersten Galerie, der den König diese zweite in Auftrag geben ließ. Mit ihrer imposanten Länge von 150 Metern, ihrem Tonnengewölbe und ihrem dicht an dicht gefügten, gemalten und stuckierten Wandschmuck war sie dazu bestimmt, ihr Vorbild nochmals zu übertrumpfen. Als neue Attraktion wurde Deckenmalerei geboten, deren raffinierte Perspektive ganz auf Untersicht angelegt war: Wo immer man den Blick nach oben richtete, sollte man Figuren über sich schweben sehen. Vergleichbares gab es bis dahin nur im Süden zu bewundern – in Mantua oder in Parma, wo Correggio kurz zuvor seinen berühmten Figurenhimmel in die Domkuppel gemalt hatte. Hier jedoch – man war ja bei Franz I. zu Gast, dem Don Juan seiner Zeit – sollte nicht der Fromme, sondern der Voyeur auf seine Kosten kommen. Eine so delikate Ansammlung von Nuditäten wie in jenem *Stundenreigen,* den Primaticcio im zentralen Medaillon sein Ballett aufführen ließ, war nirgendwo anders in Europa zu sehen (Abb. 40).

Räume der Macht so zu gestalten, dass sie nie auftrumpften, sondern in aller Nonchalance für sich und ihren königlichen Bewohner sprachen – das wurde in Fontainebleau die eigentliche Aufgabe Primaticcios. In seiner Funktion als Kunstinten-

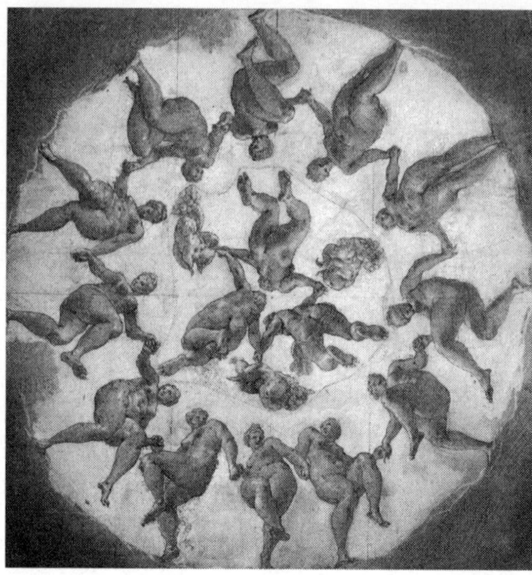

40 Primaticcio, Stundenreigen, 1540–50, Zeichnung. Paris, Louvre

dant war er schon bald, spätestens seit 1540, den Zwängen der Werkausführung enthoben. Seine Pflicht erschöpfte sich im Entwurf, das heißt im Zeichnen oder auch nur Skizzieren – und natürlich in der mündlichen Anweisung an seine vielen Assistenten. Was er ihnen sagte, wissen wir nicht. Aber Primaticcios unvergleichliche Entwürfe lassen uns ahnen, wie suggestiv die Wirkung war, die von diesem großen Hofkünstler ausging.

Nationale Renaissance

Franz I. hatte Sebastiano Serlio, den führenden Architekturtheoretiker des Manierismus, aus Venedig nach Fontainebleau geholt. Zwar bekam Serlio in Frankreich nur wenig zu bauen, aber die Wirkung, die von seinen Schriften ausging, war immens. Serlios Fähigkeit, dem französischen Publikum das Formenrepertoire der Antike zu vermitteln, verbunden mit wacher Aufmerksamkeit für die landestypische Bautradition, war Voraussetzung dafür, dass seit etwa 1550 einheimische Architekten die Entwicklung einer französischen Renaissance selbst in die

Hand nehmen konnten. Den ersten, entscheidenden Schritt tat Pierre Lescot. Noch von Franz I. erhielt der gebildete, aus großbürgerlicher Familie stammende Architekt den Auftrag zur baulichen Erneuerung des Louvre, die er 1546, ein Jahr vor dem Tod des Königs, mit der Errichtung eines neuen *Corps de Logis* innerhalb des mittelalterlichen Burghofs in Angriff nahm. König Heinrich II. ließ den neuen Flügel nach einigen Planänderungen weiterführen (Abb. 41).

Die langfristige Bedeutung dieses Baus für Architektur und Geschichte Frankreichs kann kaum überschätzt werden. Für die Monarchie setzte er das Signal, sich wieder in der alten Residenzstadt Paris niederzulassen; erst so konnte sich der Zentralismus als Staatsraison Frankreichs entwickeln. Für die Architektur bedeutete er die Neugründung einer nationalen Tradition. Kennzeichen der Fassade ist die völlige Verschmelzung italienischer und französischer Entwurfsprinzipien. An italienischen Standards orientiert sich die symmetrisch aufgebaute, durch Pilaster, Säulen und Gebälke kontinuierlich gegliederte Schaufläche mit

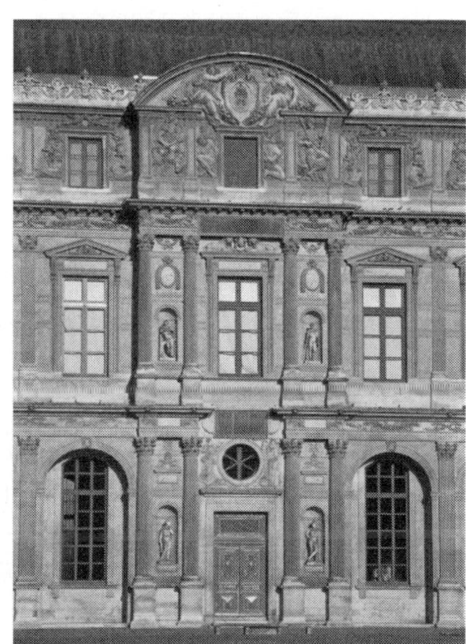

41 Pierre Lescot, Wohnflügel für Heinrich II. im Louvre (Ausschnitt), 1546.

ihren durchgehenden Fensterachsen. Einen ungewohnten Akzent setzt freilich die Proportionierung, die einen strikten, französischen Vertikalismus zum Vorschein bringt. Nicht nur die Öffnungen sind außergewöhnlich steil proportioniert, auch ein übergreifendes Gestaltungsmittel wie der Wechsel zwischen ruhig alternierenden und rhythmisch bewegten, flächigen und dreidimensionalen Partien wird so eingesetzt, dass die vertikalen Zusammenhänge klar dominieren, der Eindruck einer horizontalen Schichtung der Baumassen, wie sie für italienische Fassaden dieser Zeit typisch ist, jedoch vermieden wird.

Diese Vorliebe für die Vertikale prägt keineswegs nur Lescots Louvre-Fassade, sondern wird zum Merkmal der französischen Renaissancearchitektur insgesamt. Ihre Herkunft aus der Gotik ist auf Erkennbarkeit angelegt. Bezeichnend für die Affinität zu gotischer Bauästhetik ist die Auflösung des Erdgeschosses in eine vorgezogene Arkadenstellung und eine zurückliegende, durchfensterte Wandfläche, die sich scheinbar hinter den Bögen weiter ausspannt. Diese Formulierung hat ihr strukturelles Vorbild in der zweischaligen Ausbildung gotischer Wandarchitektur, auch wenn sich das Vokabular eindeutig zur Klassik bekennt.

Lescots Fassade erhält einen besonderen Akzent durch die reiche Reliefdekoration der krönenden Segmentgiebel. Sie stammt von dem Bildhauer Jean Goujon, der auch an der Innendekoration des Baus mitwirkte. Auf ihn geht die eindrucksvolle Tribüne in der *Salle des Cariatides,* dem Festsaal des Erdgeschosses, zurück. Hochgewachsene Frauengestalten von antiker, fast griechisch anmutender Noblesse tragen dort den Balkon für die Musiker der Hofkapelle. In diesem eleganten, zwischen Architektur und Skulptur vermittelnden Werk ging es um mehr als nur um die dekorative Bereicherung eines Innenraums. Der Entwurf fand nämlich zur selben Zeit auch anderswo Verwendung – als Illustration in der ersten französischen Ausgabe des Architekturtraktats von Vitruv, die 1547 erschien. Ein Holzschnitt nach Goujons Zeichnung bebildert dort den Bericht über die Korenhalle des Erechtheions in Athen. Nicht Säulen, sondern Statuen von jungen Frauen trügen – wie Vitruv sagt –

das Gebälk dieses legendären Bauwerks, das man damals aus eigener Anschauung noch nicht kannte. Umso wichtiger wurde Goujons Illustration. Sie gab eine erste anschauliche Vorstellung davon, wie die klassische Kunst Griechenlands ausgesehen haben könnte. Und sie machte nun auch in Frankreich den Künstler zum unentbehrlichen Begleiter und Helfer humanistischer Gelehrsamkeit.

Habsburg und die Kunst

Schmachvoller als Franz I. war noch kaum ein Herrscher seinem Rivalen unterlegen. Vier Kriege verlor er gegen Karl V., bevor er sich 1544 im Frieden von Crépy endgültig geschlagen geben musste. Der römische Kaiser und König von Spanien, so schien es, hatte auf ganzer Front den Sieg davongetragen.

Doch andererseits: Die hochgesteckten Ansprüche, die Franz I. an das kulturelle Profil seines Regiments stellte und in deren Zeichen er das Bild des europäischen Monarchen neu zu prägen wusste, konnte der mächtige Kaiser bei Weitem nicht erfüllen. Gemessen an seinem Verhältnis zur Kunst – und damit zum wichtigsten Instrument neuzeitlicher Propaganda überhaupt – war der Habsburger noch ein Herrscher des Mittelalters.

Streng religiös erzogen, sollte Karl nie ein wirklich unbefangenes Verhältnis zur Kultur der Antike gewinnen. Zwar sah er sich selbst als Erben und Nachfolger der Imperatoren; römische Geschichtsschreibung gehörte auch in seiner Umgebung zur Pflichtlektüre. Aber die Welt der Mythologie, die Epik Vergils, die Liebesdichtung Ovids blieben ihm ebenso fremd wie die freie Körperlichkeit und erotische Ausstrahlung antiker Kunst, gegen die er wohl immer einen Restverdacht auf Heidentum und Götzendienst hegte. Jedenfalls machte er von jenem Vorrat an Ideen und Formen nach der Antike, den die europäische Renaissance der Zeit in so verschwenderischer Fülle bereitstellte, nur sehr zurückhaltend Gebrauch. Gewiss ließ er auf der Alhambra in Granada, dem ehemaligen Herrschersitz der Mauren, einen Sommerpalast nach italienischem Muster errichten. Der Bau sollte die Unterwerfung der muslimischen Kultur durch das

Haus Habsburg endgültig besiegeln. Aber wirklich wichtig scheint ihm das ehrgeizige Vorhaben nicht gewesen zu sein. Jedenfalls entschloss er sich nie, den Bau des spanischen Architekten Pedro Machuca, der sogar mit einer architektonischen Sensation – dem runden Innenhof – aufwartete, zu beziehen. Nicht einmal für die Vollendung trug er Sorge. Als sein Sohn Philipp II. 1568 die Mauren Granadas, deren Tributzahlungen den Bau finanziert hatten, endgültig vertrieb, blieb der Palast auf immer unvollendet liegen.

Und doch hat eine zwar punktuelle, aber höchst bedeutsame Berührung Karls mit der Kultur der Renaissance Eingang in die Geschichtsbücher gefunden: seine über jede Konvention hinausgehende, von Sympathie getragene Beziehung zu Tizian, die nach heutigem Verständnis vielleicht sogar das Wort Freundschaft verdienen würde. Schon 1533 kopierte der Venezianer zur großen Zufriedenheit Karls ein Porträt, auf dem der Hofmaler Jakob Seisenegger den Kaiser in Begleitung einer Ulmer Dogge dargestellt hatte. Tizian verstand es, die steife Vorlage in ein lebensvolles, nobles Bild des Herrschers zu verwandeln. Karl erhob ihn unverzüglich zum Ritter vom Goldenen Sporn und Grafen vom Lateran – die Kette, in deren Schmuck sich Tizian von jetzt an gefiel (Abb. 4), war kaiserliches Geschenk und Rangabzeichen zugleich.

Erst die Augsburger Reichstage von 1547/48 und 1550/51 bieten aber Gelegenheit zur persönlichen Begegnung. Karl legt Wert darauf, dass Tizian eine Wohnung ganz in seiner Nähe bezieht, damit man sich ohne zeremonielle Hürden gegenseitig aufsuchen kann. Er bemüht sich, wenn auch erfolglos, Tizian zur Übersiedlung nach Madrid zu überreden. Dieses Zeugnis menschlicher Zuwendung des Kaisers zu seinem Maler beeindruckt umso mehr, als wir aus den Quellen immer wieder vom distanzierten, rangbewussten Auftreten des Monarchen erfahren.

Dass auch umgekehrt Tizian die Person des Kaisers zu schätzen wusste, sie jedenfalls unter ihrer undurchdringlichen Hülle genau und teilnehmend zu erfassen trachtete, dafür steht das große Reiterbildnis, das er in Augsburg von ihm malte (Abb. 33). Es sollte an den Sieg erinnern, den Karl in der Schlacht von

Mühlberg über die protestantische Partei im Reich errungen hatte. Aber die Schilderung von Kampfgetümmel weckt Tizians Ehrgeiz sichtlich nicht. Er lässt Karl unbegleitet und ohne triumphierende Allüre über eine baumumstandene Lichtung sprengen, die irgendwo liegen könnte. Schon das erklärt das Bildnis nicht zum erzählenden, sondern zum persönlichen Dokument. Tizians Interesse am tatsächlich Geschehenen reicht nicht einmal so weit, dass er uns verriete, ob der Kaiser gerade in die Schlacht reitet oder schon siegreich aus ihr zurückkehrt. Worauf es ihm ankommt, ist die Spiegelung des historischen Moments in den Regungen und Gefühlen des Menschen, den er malt. Nicht nur der in die Ferne gerichtete Blick Karls, seine zugleich entschlossene und nachdenkliche Miene drücken das aus. Auch der Zauber des Dämmerlichts, in dessen Wiedergabe Tizian all sein malerisches Können legt, arbeitet diesem Anliegen zu.

Dass Karl V. trotz des beeindruckenden Bildes, das Tizian von ihm schuf, keinen Ruf als Patron der Künste erwerben konnte, lag auch in der traditionellen, um nicht zu sagen rückständigen Art und Weise begründet, wie er sein imperiales Amt ausübte. Karl bereiste sein großes Reich unentwegt. Der modernen, im 16. Jahrhundert aufkommenden Praxis von Staatlichkeit, die zwingend eines Zentrums, einer festen Residenz oder gar Hauptstadt bedarf, brachte er kein Verständnis entgegen. Erst Philipp II., der 1556 von seinem Vater Karl die spanische Krone erbte, erkannte die Notwendigkeit einer räumlichen Verstetigung seiner Macht. Für die Künste in Spanien bedeutete dieser Schritt zu einer modernen Form der Staatslenkung eine neue Chance.

Allerdings war der Escorial, den sich Philipp in den Höhen des Guadarrama-Gebirges nordwestlich von Madrid errichten ließ, weder Schloss noch Regierungssitz, sondern – ungewöhnlich genug – eine Klosterresidenz (Abb. 42). Das häusliche Regime vertraute der König dem strengen Hieronymitenorden an, von dem sich schon sein Vater Karl in seinen letzten Jahren hatte geistlich betreuen lassen. Philipp konzipierte den Neubau zudem als Grablege der neuen Dynastie, die durch das Ausscheiden Spaniens aus dem Reichsverband entstanden war. Hier liegt

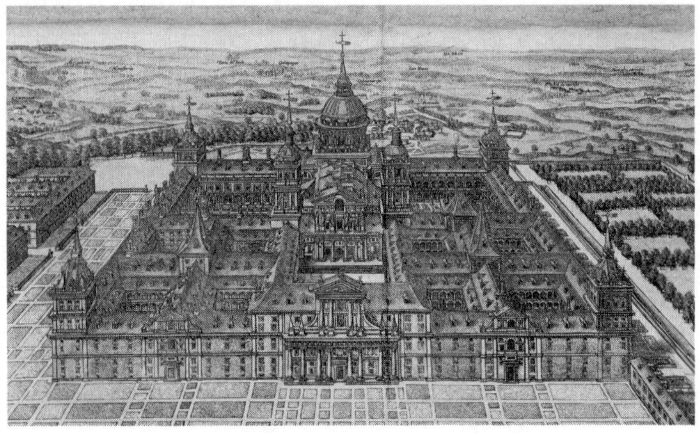

42 El Escorial, Radierung, 1591.

wohl der Schlüssel zum Verständnis der Baugestalt: Der gerade erst entstandene spanische Zweig der Habsburger besaß noch keine gesicherte Tradition in Architektur und Kunst, sondern musste das Bild, das er von sich verbreiten und überliefern wollte, neu erfinden. Der König ließ denn auch die Leichname seiner Vorfahren in die Kirche San Lorenzo überführen und ihnen Grabmonumente im Mönchschor errichten. Der Escorial hatte also wesentlich erinnernde, rückschauende Aufgaben zu erfüllen. Entscheidend für die Wahl der Baugestalt wurde schließlich der Anspruch Philipps, seinem Konzept eines katholischen Königtums, das er als europäischer Vorkämpfer der Gegenreformation vertrat, in einem Architekturmonument symbolisch Ausdruck zu verleihen. Folge all dieser programmatischen Erwägungen war ein Bau, der die traditionell eigenständigen Funktionen von Grabkirche, Kloster, Palast, Kolleg, Bibliothek und Verwaltungssitz zu einer integralen Einheit verschmolz.

Schon in seiner Jugend architekturtheoretisch geschult, nahm Philipp II. in ungewöhnlichem Maß persönlichen Anteil an der Planung. Zwar wurde der Bau in allen Phasen von professionellen Architekten betreut – zunächst von Juan Bautista de Toledo, dann von Juan de Herrera –, aber der König scheute sich nicht, immer wieder persönlich in die Entwürfe einzugreifen oder Alternativvorschläge auswärtiger Autoritäten anzufordern.

Das schwierigste Problem, das der Entwurf zu lösen hatte, stellte sich mit der beispiellosen Größe des Bauvorhabens. Hatte der Escorial schon für sich genommen eine nie gekannte Fülle an Zwecken zu erfüllen, so kam er auch noch abseits bewohnter Gegenden zu stehen und war völlig auf Selbstversorgung angewiesen. Die bestechende Logik und Eindeutigkeit, in der die Architekten aus diesen Vorgaben die gitterförmige Struktur der Gebäude und des Gartens entwickelten, fordert noch heute Bewunderung ab. Der Escorial ist wohl der erste Bau, der kraft seiner Grundrissbildung in die Kunstgeschichte einging. Das Entwurfsprinzip hieß geometrische Disziplin. Dank axialer Erschließung und symmetrischer Spiegelung der Baukörper erscheinen alle Einzelelemente in den Gesamtplan eingebunden; die Kirche sowie der rückwärtig anschließende Privatpalast des Königs bilden klare Dominanten aus. Die sorgsam abgestimmten Raumformate, die planvolle Wegeführung über Portiken, Treppen und Korridore, die Steigerung der Baumassen bis zum Kulminationspunkt der Vierungskuppel von San Lorenzo machen den Escorial freilich auch im Durchschreiten zum eindrucksvollen Monument. In seiner Ordnungsliebe resümiert der Escorial ein wesentliches Anliegen der Renaissancearchitektur, weiß es am Ende der Epoche sogar noch einmal eindrucksvoll zu steigern.

Gewiss – vom Charme eines Palazzo del Te, von der Exzentrik eines Château de Fontainebleau ist hier nichts zu spüren. Die Malereien Federico Zuccaris und seines Kollegen Pellegrino Tibaldi aus Mailand wirken trocken und lehrhaft, und weder die Grabmäler aus der Werkstatt des Leone Leoni noch vereinzelte Werke, die Philipp bei Cellini und El Greco bestellte, vermögen den Eindruck von Kargheit und Askese zu mildern, der sich dem Besucher allenthalben mitteilt und durchaus beabsichtigt war. Die Rolle, die Philipp II. im Prozess der Gegenreformation übernommen hatte, sollte in der Formprägung des Escorial ihren präzisen Ausdruck gewinnen. Die einzigartige Erfindung der Klosterresidenz war Verbildlichung eines theokratischen Programms. Sie repräsentiert religiöse und weltliche

Ordnung als untrennbare Einheit. Und sie erhebt mit autoritärem Gestus Anspruch auf Geltung – für Spanien und weit darüber hinaus.

Das Ende der Renaissance

Wann und wo es mit der Renaissance zu Ende ging, lässt sich recht genau sagen: am 20. Januar 1612 auf der Prager Burg. An diesem Tag stirbt Kaiser Rudolf II. in seiner böhmischen Residenz, die ihm seit Jahrzehnten als selbstgewähltes Exil gedient hat. Die bedingungslose Fixierung dieses Herrschers auf Bildung und Kunst, Dichtung und Wissenschaft war zu Lebzeiten bereits Legende. An Politik und Amtsgeschäften nahm er auf skandalöse Weise schon lange keinen Anteil mehr.

Rudolf II. liebte die Kunst – anders als sein Vorfahr Karl V., anders auch als sein Onkel Philipp II., an dessen Hof er erzogen worden war. Tagelang konnte sich der alternde Monarch, der kurioserweise Junggeselle geblieben war, in seiner Kunstkammer einschließen. Dort versank er in die Betrachtung seiner Schätze. Gemälde und Skulpturen fanden sich darunter, Kleinodien und Instrumente, Münzen, Bücher, Zeichnungen. Zu den Prunkstücken gehörten Werke von Dürer und Leonardo, Correggio und Parmigianino. Gewiss, Rudolf beschäftigte eigene, rastlos tätige Kammermaler und Hofbildhauer, deren Arbeiten ebenfalls gesammelt wurden. Sie hießen Bartholomäus Spranger, Joseph Heintz, Adriaen de Vries – erfahrene Manieristen und Meister ihres Fachs zweifellos, deren Dienste auch anderswo gefragt waren. Aber zu den Großen der Renaissance gehörten sie kaum. Deren Zeit war schon vorbei, und ein neues Zeitalter der Kunst kündigte sich bereits vernehmlich an.

Umso wichtiger wurde Rudolf seine Sammlung. Seit den frühen Medici hatte sich Sammeln als ein Grundimpuls der Renaissancekultur behauptet. Kunstkammern boten ein materielles Abbild der Schöpfung, machten die Weltordnung durchschaubar und stellten Urteil und Geschmack ihres Besitzers stets das verlässlichste Zeugnis aus. Die Kultur des Sammelns, wie sie die Renaissance ausgeprägt hatte, fand in Rudolf II. eine späte, letzte Beglaubigung. Aber sie bot – auch wenn er selbst das anders gesehen haben mochte – nun kaum mehr Gewähr, dass die Schätze noch produktive Wirkung entfalten, Anregungen für Neues liefern würden. Was Rudolf auf der Prager Burg zusammengetragen hatte, könnte man das erste Museum für Renaissancekunst nennen.

Auch was seine Vorlieben für aktuelle Kunst anging, blieb Rudolf II. dem Motiv des Sammelns treu. Giuseppe Arcimboldo war bis zu seinem Tod im Jahr 1593 nicht nur Rudolfs Lieblingsmaler, sondern auch sein Theater- und Festintendant und hatte es zum Pfalzgrafen gebracht. Immer neu zeigte sich der Kaiser entzückt von den merkwürdigen Gesichtern, die Arcimboldo aus Früchten, Wurzeln und Getreide, sogar Büchern zusammenbaute und virtuos auf die Leinwand zu bannen wusste. Auch den Kaiser hatte er auf diese Art porträtiert – als *Vertumnus,* die Gottheit der Vegetation (Abb. 35). Wie stets bei Arcimboldo, so birgt auch hier die Skurrilität der Malerei ein beträchtliches Maß an Hintersinn. Denn Kirschen und Melonen, Äpfel und Nüsse, Gurken und Zwiebeln, Kastanien, Ähren und manches andere mögen zwar in einem Gemälde Arcimboldos zusammenfinden, aber es wäre unmöglich, all dies auf einmal zu ernten. Der Porträtierte kann also nicht wie andere Menschen an Jahreszeiten gebunden sein. Er muss über die Kräfte und Gesetze der Natur gebieten wie der Gott, als den der Maler ihn zeigt – muss zum Weltenherrscher berufen sein.

Obst und Gemüse verwandeln sich unter der Hand des Malers zu Trägern einer neuen, nicht ganz ernst gemeinten und doch raffinierten Allegorie der Macht. Noch etwas kommt hinzu. Es ist nicht die lebendige, zeugende Natur, aus der sich Arcimboldo die Bausteine seiner Malerei zusammensucht. Der Rohstoff des Porträts ist vielmehr Ernte- und Sammelgut – genießbare, ja köstlich schmeckende Ware, aber doch nur Relikt einer fruchtbaren Zeit, die bereits der Vergangenheit angehört.

Als schwedische Truppen unter dem Befehl Carl Gustaf von Wrangels 1648 Prag einnehmen, stürmen sie als Erstes die Burg, um Rudolfs berühmte Kunstkammer leerzuräumen. Nicht alles nehmen sie am Ende mit. Aber Arcimboldos Bild gehört zu den Kostbarkeiten, die Mitteleuropa auf immer verlassen.

Literaturhinweise

Die Pole der Renaissance

Leon Battista Alberti, *Das Standbild – Die Malkunst – Grundlagen der Malerei,* hg. v. Oskar Bätschmann u. a., Darmstadt 2000.
Leon Battista Alberti, *Zehn Bücher über die Baukunst,* Darmstadt 1975.
Anthony Blunt, *Kunsttheorie in Italien 1450–1600,* München 1984.
August Buck (Hg.), *Zu Begriff und Problem der Renaissance,* Darmstadt 1969.
Jacob Burckhardt, *Die Kunst der Renaissance,* I, München/Basel 2006.
Peter Burke, *Die Renaissance in Italien,* Berlin 1984.
Albrecht Dürer, *Schriften und Briefe,* hg. v. Ernst Ullmann u. a., Leipzig 1993.
Stephan Füssel, *Gutenberg und seine Wirkung,* Frankfurt a. M. 2004.
Nicolette Mout (Hg.), *Die Kultur des Humanismus,* München 1998.
Achatz von Müller, Jürgen von Ungern-Sternberg (Hg.), *Die Wahrnehmung des Neuen in Antike und Renaissance,* München/Leipzig 2004.
Paul v. Naredi-Rainer, *Architektur und Harmonie,* Köln 1982.
Alessandro Nova (Hg.), *Edition Giorgio Vasari,* Berlin 2005 ff.
Werner Paravicini, Jörg Wettlaufer (Hg.), *Der Hof und die Stadt,* Ostfildern 2006.
Andreas Tönnesmann, *Pienza. Städtebau und Humanismus,* München 1990.
Wilhelm Voßkamp (Hg.), *Utopieforschung,* Frankfurt a.M. 1985.
Frank Zöllner, *Vitruvs Proportionsfigur,* Worms 1987.

Das Labor der Renaissance: Florenz

Andreas Beyer, Bruce Boucher (Hg.), *Piero de'Medici ‹il Gottoso› (1416–1469). Kunst im Dienste der Mediceer,* Berlin 1993.
Gene Brucker, *Florenz in der Renaissance,* Reinbek 1990.
Laurence Kanter, Pia Palladino, *Fra Angelico,* Ausstellungskatalog, New York 2005.
Wolfgang Kemp, *Die Räume der Maler,* München 1996.
Heinrich Klotz, *Filippo Brunelleschi,* Stuttgart 1990.
Ronald Lightbown, *Botticelli,* 2 Bde., London 1978.
Joachim Poeschke, *Die Skulptur der Renaissance in Italien,* I, München 1990.
Volker Reinhardt, *Die Medici,* München 2004.
Steffi Roettgen, *Wandmalerei der Frührenaissance in Italien 1400–1470,* München 1996.
Andreas Tönnesmann, *Der Palazzo Gondi in Florenz,* Worms 1983.

Die Renaissance der Fürsten

Andreas Beyer, *Das Porträt in der Malerei,* München 2002.
Vespasiano da Bisticci, *Große Männer und Frauen der Renaissance,* München 1995.
Sylvia Ferino-Pagden u. a., *‹La prima donna del mondo.› Isabella d'Este, Fürstin und Mäzenatin der Renaissance,* Ausstellungskatalog, Wien 1994.
Anthony Grafton, *Leon Battista Alberti,* Berlin 2002.

Martin Kemp, *Leonardo,* München 2005.
Jane Martineau u. a., *Andrea Mantegna,* Ausstellungskatalog, London 1994.
Bernd Roeck, Andreas Tönnesmann, *Die Nase Italiens. Federico da Montefeltro, Herzog von Urbino,* Berlin 2005.
Steffi Roettgen, *Wandmalerei der Frührenaissance in Italien 1470–1510,* München 1997.
Martin Warnke, *Hofkünstler,* Köln 1996.

Das neue Zentrum: Rom

Horst Bredekamp, *Sankt Peter und das Prinzip produktiver Zerstörung,* Berlin 2000.
Bernhard Degenhart, Annegrit Schmitt u. a., *Corpus der italienischen Zeichnungen 1300–1450,* III, München 2004.
Claudia Echinger-Maurach, *Studien zu Michelangelos Juliusgrabmal,* Hildesheim u. a. 1991.
Antonio Forcellino, *Michelangelo. Eine Biographie,* Berlin 2006.
Hochrenaissance im Vatikan 1503–1534, Ausstellungskatalog, Bonn 1999.
Joachim Poeschke, *Die Skulptur der Renaissance in Italien,* II, München 1992.
Christof Thoenes, *Raffael 1483–1520,* Köln 2005.
Andreas Tönnesmann, *Kleine Kunstgeschichte Roms,* München 2002.
Franz-Joachim Verspohl, *Michelangelo Buonarroti und Papst Julius II.,* Göttingen/Bern 2004.

Kult der Erfindung: Der Manierismus

Daniel Arasse, Andreas Tönnesmann, *Der europäische Manierismus 1520–1610,* München 1996.
Richard Bösel, *Jesuitenarchitektur in Italien 1540–1773,* Wien 1985/86.
Bruce Boucher, *Palladio. Der Architekt in seiner Zeit,* München 1994.
Kurt W. Forster, *Pontormo,* München 1966.
Christoph L. Frommel (Hg.), *Vignola e i Farnese,* Mailand 2003.
Norbert Huse, Wolfgang Wolters, *Venedig. Die Kunst der Renaissance,* München 1986.
Andrea Palladio, *Die vier Bücher zur Architektur,* Basel 2001.
John Shearman, *Mannerism,* Harmondsworth 1967.
Manfredo Tafuri, *Giulio Romano,* Cambridge 1998.

Der Norden der Renaissance

Anne-Marie Bonnet, *«Akt» bei Dürer,* Köln 2001.
Till-Holger Borchert (Hg.), *Jan van Eyck und seine Zeit,* Brügge 2002.
Johan Huizinga, *Herbst des Mittelalters,* Stuttgart 2006.
Erwin Panofsky, *Die altniederländische Malerei,* Köln 2001.
Christian Müller u. a., *Hans Holbein der Jüngere,* Ausstellungskatalog, Basel 2005.
Michael Rohlmann, *Auftragskunst und Sammlerbild. Altniederländische Tafelmalerei im Florenz des Quattrocento,* Alfter 1994.
Rainer Schoch u. a., *Albrecht Dürer. Das druckgraphische Werk,* München 2001–2004.
Jeffrey Chipps Smith, *The Northern Renaissance,* London 2004.
Felix Thürlemann, *Rogier van der Weyden,* München 2006.

Die Kunst der Könige

Horst Bredekamp, *Antikensehnsucht und Maschinenglauben,* Berlin 2000.
Thomas DaCosta Kaufmann, *Höfe, Klöster und Städte,* Darmstadt 1995.
Josette Grandazzi u.a., *Primatice,* Ausstellungskatalog, Paris 2004.
Alessandro Nova, Anna Schreurs (Hg.), *Benvenuto Cellini,* Köln 2003.
Prag um 1600, Ausstellungskatalog, Essen 1988.
Luise Schorn-Schütte, *Karl V.,* München 2000.
Gunter Schweikhart, *Die Kunst der Renaissance,* Köln 2002.

Bildnachweis

Berlin, akg-images 2, 31, 42
Berlin, The Bridgeman Art Library 18
Florenz, Archiv Alinari 6, 14, 30, 32
Florenz, Archivio Scala 17, 25, 26
Marburg, Bildarchiv Foto Marburg 19

Alle anderen Abbildungen stammen aus dem Archiv des Autors oder des Verlags. Leider war es nicht in allen Fällen möglich, die Rechteinhaber zu ermitteln. Der Verlag ist bereit, berechtigte Ansprüche abzugelten.

Dank

Für kritische Lektüre, kompetenten Rat und generöse Unterstützung danke ich Lothar Schmitt, Stefanie Hölscher und Alexandra Schumacher.

Zürich, im Januar 2007 *A.T.*

Personenregister